V&R

# PSYCHODYNAMIK **Kompakt**

Herausgegeben von
Franz Resch und Inge Seiffge-Krenke

Verena Kast

# Träumend imaginieren

Einblicke in die Traumwerkstatt

Vandenhoeck & Ruprecht

Bibliografische Information der Deutschen Nationalbibliothek:
Die Deutsche Nationalbibliothek verzeichnet diese Publikation in der
Deutschen Nationalbibliografie; detaillierte bibliografische Daten sind
im Internet über https://dnb.de abrufbar.



Umschlagabbildung: Paul Klee, Kleine rhythmische Landschaft, 1920/akg-images

Satz: SchwabScantechnik, Göttingen
Druck und Bindung: ⊕ Hubert & Co. BuchPartner, Göttingen
Printed in the EU

Vandenhoeck & Ruprecht Verlage | www.vandenhoeck-ruprecht-verlage.com

ISSN 2566-6401
ISBN 978-3-525-45905-8

# Inhalt

# Vorwort zur Reihe

Zielsetzung von PSYCHODYNAMIK KOMPAKT ist es, alle psychotherapeutisch Interessierten, die in verschiedenen Settings mit unterschiedlichen Klientengruppen arbeiten, zu aktuellen und wichtigen Fragestellungen anzusprechen. Die Reihe soll Diskussionsgrundlagen liefern, den Forschungsstand aufarbeiten, Therapieerfahrungen vermitteln und neue Konzepte vorstellen: theoretisch fundiert, kurz, bündig und praxistauglich.

Die Psychoanalyse hat nicht nur historisch beeindruckende Modellvorstellungen für das Verständnis und die psychotherapeutische Behandlung von Patienten hervorgebracht. In den letzten Jahren sind neue Entwicklungen hinzugekommen, die klassische Konzepte erweitern, ergänzen und für den therapeutischen Alltag fruchtbar machen. Psychodynamisch denken und handeln ist mehr und mehr in verschiedensten Berufsfeldern gefordert, nicht nur in den klassischen psychotherapeutischen Angeboten. Mit einer schlanken Handreichung von 70 bis 80 Seiten je Band kann sich die Leserin, der Leser schnell und kompetent zu den unterschiedlichen Themen auf den Stand bringen.

Themenschwerpunkte sind unter anderem:

- *Kernbegriffe und Konzepte* wie zum Beispiel therapeutische Haltung und therapeutische Beziehung, Widerstand und Abwehr, Interventionsformen, Arbeitsbündnis, Übertragung und Gegenübertragung, Trauma, Mitgefühl und Achtsamkeit, Autonomie und Selbstbestimmung, Bindung.
- *Neuere und integrative Konzepte und Behandlungsansätze* wie zum Beispiel Übertragungsfokussierte Psychotherapie, Schematherapie, Mentalisierungsbasierte Therapie, Traumatherapie, internet-

basierte Therapie, Psychotherapie und Pharmakotherapie, Verhaltenstherapie und psychodynamische Ansätze.

- *Störungsbezogene Behandlungsansätze* wie zum Beispiel Dissoziation und Traumatisierung, Persönlichkeitsstörungen, Essstörungen, Borderline-Störungen bei Männern, autistische Störungen, ADHS bei Frauen.
- *Lösungen für Problemsituationen in Behandlungen* wie zum Beispiel bei Beginn und Ende der Therapie, suizidalen Gefährdungen, Schweigen, Verweigern, Agieren, Therapieabbrüchen; Kunst als therapeutisches Medium, Symbolisierung und Kreativität, Umgang mit Grenzen.
- *Arbeitsfelder jenseits klassischer Settings* wie zum Beispiel Supervision, psychodynamische Beratung, Soziale Arbeit, Arbeit mit Geflüchteten und Migranten, Psychotherapie im Alter, die Arbeit mit Angehörigen, Eltern, Familien, Gruppen, Eltern-Säuglings-Kleinkind-Psychotherapie.
- *Berufsbild, Effektivität, Evaluation* wie zum Beispiel zentrale Wirkprinzipien psychodynamischer Therapie, psychotherapeutische Identität, Psychotherapieforschung.

Alle Themen werden von ausgewiesenen Expertinnen und Experten bearbeitet. Die Bände enthalten Fallbeispiele und konkrete Umsetzungen für psychodynamisches Arbeiten. Ziel ist es, auch jenseits des therapeutischen Schulendenkens psychodynamische Konzepte verstehbar zu machen, deren Wirkprinzipien und Praxisfelder aufzuzeigen und damit für alle Therapeutinnen und Therapeuten eine gemeinsame Verständnisgrundlage zu schaffen, die den Dialog befördern kann.

*Franz Resch und Inge Seiffge-Krenke*

# Vorwort zum Band

Ist das Träumen eine intensivierte Form des wachen, spontanen Gedankenwanderns? Verena Kast, die Spezialistin dieses Genres, setzt diese These an den Beginn ihres Buches über das Träumen: »Ein Traum ist erst ein Traum, wenn wir erwachen.« Denn im Traum sind wir vollkommen als Subjekt anwesend. Auch aus Tagträumen müssen wir erst erwachen, um ihrer bewusst zu werden. Die Frage, wozu Träume gut sind, beschäftigt die Menschheit seit den Anfängen. Seit der Entwicklung der Psychoanalyse hat besonders C. G. Jung den Träumen eine zentrale Bedeutung für die psychotherapeutische Arbeit zuerkannt. Die Funktion der Träume sei es, »dem Leben wieder Strömung zu verleihen, aus dem Steckenbleiben [...] wieder ins Fließen zu kommen« (S. 14). Träume können das Interesse für das Leben wieder aufkommen lassen und damit neuen Sinnerfahrungen Raum geben. Der Tagtraum wiederum hat eine besondere Verbindung zur Kreativität. Die Autorin entwickelt ihre Überlegungen aus tiefenpsychologischer Perspektive und spannt den Bogen von selbst generierten Gedanken hin zu den eigentlichen Träumen des Schlafes. Wir können heute davon ausgehen, dass das meiste Tagträumen unter der Schwelle des wachen Bewusstseins abläuft. Fantasie ist eine Selbsttätigkeit der Seele.

Ein eigenes, spannendes Kapitel wird den Aspekten der affektiven Neurowissenschaft gewidmet. Es scheint so, dass eine Aktivierung des visuellen Kortex eher mit positiven Gefühlen verbunden ist. Könnte die Anleitung zum bildhaften Narrativ damit eher positive Gefühle induzieren? Das Wandern der Gedanken kann absichtlich oder unabsichtlich erfolgen. Auch das »Konzept der Vorfreude« ist in diesem Zusammenhang neu interpretierbar.

Der Traum stellt schließlich – auch dies eine innovative Perspektive – eine Form von »verkörperter Simulation« dar. Als eine Inszenierung schließt der Traum den Träumer als Akteur oder Beobachter ein. Man kann den Traum auch als unfreiwilligen, aber organisierten mentalen Akt begreifen. Der Traum beschäftigt sich »meistens mit dem, was uns auch im Alltag beschäftigt«, stellt aber unsere Konflikte, Sorgen, Erwartungen in einen neuen Zusammenhang. Die Ähnlichkeiten und Unterschiede zwischen Träumen und Tagträumen sind faszinierend und werden in einer Gegenüberstellung herausgearbeitet.

Das Buch zeigt auf eindrucksvolle Weise auf, das Wissen um die Träume auch für die therapeutische Praxis nutzbar gemacht werden kann. Imagination und Traum bei C. G. Jung stellen den Ausgangspunkt dar. Wie kann es gelingen, Emotionen in Bilder umzusetzen? Es eröffnen sich dadurch Möglichkeiten, vieles Fixierte zu »verflüssigen« und damit neue Perspektiven im bewussten Denken zuzulassen. Jungs Theorie der »Komplexe« als verdrängte unbewusste konflikthafte Beziehungserfahrungen wird ausführlich dargestellt. Aus heutiger Sicht kann festgestellt werden, dass stereotype negative Gedanken mit solchen Komplexen verbunden sind und maladaptive Tagträume triggern können, die Zufriedenheit gar nicht mehr aufkommen lassen. Die zweite Traumtheorie von Jung behandelt die »Kompensation«: Träume kompensieren Auslassungen oder Aussparungen der bewussten Einstellungen und übertragen damit dem Unbewussten eine leitende Funktion auf das Bewusstsein. Damit könnten Träume das Zu-kurz-Gekommene des Tages vervollständigen, was für die Entwicklung der Identität des Träumenden wesentlich wäre.

Komplexe und Träume in der therapeutischen Arbeit werden ausführlich vorgestellt und durch anschauliche Beispiele angereichert. Die Arbeit am Albtraum leitet über zum Phänomen der Emotionsansteckung. Welche therapeutischen Möglichkeiten sich eröffnen, zeigen Initialträume, Beziehungsträume, Verlustträume, Träume als Trauerprozess und Träume als Ausgangspunkt für Erinnerungsarbeit und bieten damit faszinierende und vielfältige praxisorientierte Einblicke in die »Traumwerkstatt«. Der Traum als Spiel der Imagination beschließt dieses äußerst spannende und lesenswerte Buch, das Träume für Therapeutinnen und Therapeuten jeder Schule fruchtbar machen kann.

*Inge Seiffge-Krenke und Franz Resch*

# 1 Imaginieren und Träumen

## 1.1 Kontinuum zwischen Wachen und Träumen

Traumforscher und Neurowissenschafter stellen in den letzten Jahren die Hypothese auf, dass zwischen dem Tagträumen und dem Träumen in der Nacht ein wichtiger Zusammenhang besteht, dass es eigentlich nur ein Kontinuum des Träumens gibt. So postulieren Fox, Nijeboer, Solomonova, Domhoff und Christoff (2013), dass das Träumen eine intensivierte Version der wachen, spontanen Gedanken sei – das Gedankenwandern während des Wachzustands eine abgeschwächte Form des Träumens. Wie argumentieren sie? Sie betrachten, wie heute üblich, das Default Mode Network – das Ruhezustandsnetzwerk – als spontan aktiv, wann immer Menschen nicht gerichtet aufmerksam sind, wenn äußere sensorische Inputs fehlen, also in ruhigen Situationen. Dieses Ruhenetzwerk unterstützt das reizunabhängige Denken. Wenn wir während des Schlafens träumen, dann sind die äußeren sensorischen Reize weitgehend blockiert: Das Träumen kann also als eine intensivierte Form des Tagträumens gesehen werden.

Die Idee von einem Kontinuum zwischen Wachen und Träumen ist nicht neu, es wird aber in diesen neueren Studien belegt und gerät dadurch wieder neu in den Fokus des Interesses. So schreibt etwa Hartmann (2011, S. 31): »The continuum I propose, which we have studied in detail, runs roughly from focus-waking thought at one end through looser thought or reverie to fantasy, daydreaming, and eventually to dreaming.«

Und natürlich stellt sich die Frage: Welche neuen Ideen bringen uns diese Forschungen für das Verständnis und das Arbeiten mit Tagträumen und Träumen? Aber auch: Welche vertrauten Ideen werden wieder aktuell und wissenschaftlich untermauert?

Wenn wir siebzig Jahre alt sind, so haben wir etwa sieben Jahre davon im Schlaf geträumt – wobei wir uns nur an einen kleinen Bruchteil dieser Träume erinnern. Rechnen wir auch noch das Tagträumen zum Träumen, die selbst generierten Gedanken, das Gedankenwandern, das etwa 30 Prozent unseres wachen Lebens ausmacht, dann sind wir oft im Traummodus, und das Träumen muss eine große Bedeutung für das menschliche Leben haben.

Ein Traum ist erst ein Traum, wenn wir erwachen. Solange wir träumen, ist die Welt, in der wir uns bewegen, einfach die normale Welt. Unsere Traumwelt ist vergleichbar der wachen Welt. Da sind Menschen, Probleme, die wir kennen, gute Zufälle, Verhinderungen, wir probieren etwas aus – wie im Alltag auch, und dennoch ist die Traumwelt auch ein wenig anders. Im Traum sind wir mit allen Sinnen anwesend, wir erleben uns ganzkörperlich und sind ganz gegenwärtig. Wir haben Emotionen im Traum, können Gefühle wahrnehmen und beschreiben, sind oft in einer Welt der Bilder, können auch etwas, das wir im Wachen nicht können, wie etwa fliegen.

Erwachen wir, dann wundern wir uns über einige Vorkommnisse, etwa darüber, dass wir mit einem längst verstorbenen Großvater eine Bergtour machen. Eigentümlich, aber auch eigentümlich beeindruckend. Auch von einem Tagtraum sprechen wir erst, wenn wir hochschrecken, uns plötzlich dessen bewusst werden, wo wir in Gedanken gerade waren, womit sich unsere Gedanken gerade beschäftigt haben, oder auch, wenn wir wahrnehmen, dass wir weg waren. Auch von einem Tagtraum sprechen wir erst, wenn wir ihn wahrnehmen – und viele Tagträume nehmen wir gar nicht wahr. Es ist ein psychisches Geschehen, das eigentümlich in der Schwebe bleibt: Wird es bewusst, wird es nicht bewusst? Woher kommen die Gedanken und die Bilder? Und viele sind so vage, dass wir sie kaum wahrnehmen: Psychisches Geschehen in der Schwebe und deshalb auch geheimnisvoll.

## 1.2 Wozu sind Träume gut?

Für C. G. Jung standen die Träume und die Imaginationen wie auch die Beschäftigung damit im Zentrum der Psychotherapie und seiner Auseinandersetzung mit dem Unbewussten. Das gilt auch für diejenigen unter den Therapeutinnen und Therapeuten der Jung'schen Schule, die den kreativen Ansatz von C. G. Jung in den Mittelpunkt ihres Interesses stellen.

Warum war die Arbeit mit Träumen für Jung so wichtig? C. G. Jung: »Fast alle Probleme, die mich menschlich oder wissenschaftlich beschäftigten [, wurden] von Träumen begleitet oder vorweggenommen« (Jung, 1961/2005, S. 116). Das ist an sich noch nicht so besonders: Träume und Tagträume handeln im Wesentlichen von dem, was uns im Alltag beschäftigt. In vielen Untersuchungen wird nachgewiesen, dass Träume von zentralen Konflikten im Alltag, von wichtigen Anliegen, Wünschen, emotionalen Erfahrungen handeln. Diese Forschungen unterstützen die sogenannte *Kontinuitätshypothese* (Fox et al., 2013; Hartmann, 2011). Das hat offenbar auch C. G. Jung so erfahren. Darüber hinaus aber gab er den Träumen eine große Bedeutung für die Lebenspraxis. Er stellte fest, dass dann, wenn der Mensch in einer existenziellen Situation ratlos ist, die Träume Anregungen zu geben vermögen. Diese, so Jung, ergäben Imaginationen, und er stellt fest, dass »fast in der Regel etwas herauskommt, wenn man lange und gründlich genug einen Traum recht eigentlich meditiert, das heißt, mit sich herumträgt. Dieses Etwas […] ist ein praktisch wichtiger Wink, welcher dem Patienten zeigt, wohin der unbewusste Weg zielt […]. Ich muss mich ganz damit begnügen, dass es dem Patienten etwas sagt und seinem Leben Strömung verleiht. Das einzige Kriterium, das ich anerkennen darf, ist also die Tatsache, dass das Resultat meiner Bemühung *wirkt*« (Jung, 1929/1971a, S. 44f.).

Funktion der Träume ist es nach C. G. Jung, dem Leben wieder Strömung zu verleihen, aus dem Steckenbleiben, das er mit mangelndem Sinnerleben, Depression, Langeweile in Verbindung bringt, wieder ins Fließen zu kommen, wieder Interesse für das Leben zu entwickeln und damit auch die Möglichkeit der Sinnerfahrung. Das gelingt nach C. G. Jung, wenn man den Traum meditiert, »mit sich herumträgt«. Mit sich herumtragen heißt aber auch, im Kontakt mit einem Traum, mit inneren Bildern zu bleiben und wahrzunehmen, wie sie auf das bewusste Leben wirken. C. G. Jung spricht hier nicht vom Deuten der Träume im engeren Sinn, sondern darüber, dass Träume zu Imaginationen anregen und Vorstellungen wecken, sodass das imaginative Leben wieder in Gang kommt und auch festgefahrene Ideen mit neuen Aspekten angereichert werden können. Die Ideen, die Jung hier ausdrückt, sind im Laufe der Zeit immer bedeutsamer geworden: Da ist nicht ein Analytiker, der weiß, was der Traum bedeutet, der ihn deutet, sondern da ist, wenn es um Träume im analytischen Prozess geht, eine Analytikerin, die hilft, den Traum zu »meditieren«, die Vorstellungen und Emotionen zu verstärken, die im Traum angesprochen sind, sie untereinander zu verbinden, aber auch eine Verbindung zum alltäglichen Leben zu finden. Zielvorstellungen für den Umgang und die Lösung von aktuellen Problemen können bei der beharrlichen Auseinandersetzung mit den Träumen und den damit verbundenen Imaginationen gefunden werden.

# 2 Der Tagtraum: Selbst generiertes Denken

Forschungen zum Gedankenwandern, zu den Tagträumen, zum selbst generierten Denken sind in den letzten Jahren massiv angestiegen. Sie betreffen viele Gebiete der Psychologie, wie etwa die Psychologie der Kognition, die Neurowissenschaft, die Kreativitätsforschung und andere mehr. Fox, der sehr viele Studien zum Thema verfasst hat, beschreibt, dass er fasziniert davon war, wie wichtig und interessant das Gedankenwandern ist; besonders auch dessen Verbindungen zur Kreativität, zum Träumen, zum Verständnis der Persönlichkeit als solcher und zu psychischen Krankheiten (Fox u. Koroma, 2018).

Mich interessiert aus tiefenpsychologischer Perspektive die Verbindung von selbst generierten Gedanken und Tagträumen bis hin zu den Träumen.

Unter selbst generiertem Denken versteht man mentale Inhalte, die weitgehend unabhängig von der äußeren Umgebung einen Strom von Gedanken formen; es geht dabei um Erinnerungen, zukünftige Pläne, Tagträume, Fantasien, um simulierte soziale Interaktionen, aber auch um das Ruminieren – und eben auch um das Träumen. Diese selbst generierten Gedanken, Bilder und Emotionen sind weitgehend unabhängig von äußeren, sensorischen Stimuli, sie können spontan sein oder absichtlich herbeigeführt, auch automatisch durch affektive Muster. Selbst generiertes Denken besteht aus unkontrollierten Formen der Kognition, wie Träumen, Gedankenwandern, kreativem Denken, aber auch aus automatischen und eingefahrenen Formen des Denkens, wie zwanghaftem Denken oder Ruminieren, dem Grübeln (Fox, Christoff u. Dixon, 2018).

In den Experimenten wurden die selbst generierten Gedanken als spontan auftauchende Gedanken operationalisiert, die nicht auf Aufgaben bezogen, also unabhängig von äußeren Stimuli sind: »By ›spontaneous‹ we mean cognition that is relatively unconstrained – either by bottom-up constraints like affective or perceptual salience, or top-down constraints like the executive control of attention« (Fox u. Koroma, 2018, S. 2).

Das Spektrum dieser spontanen Gedanken erstreckt sich von mentalen Inhalten, die nicht kontrolliert sind, sogar wirr anmuten, wie etwa in einer Psychose, bis zur fokussierten Aufmerksamkeit auf der anderen Seite des Spektrums, etwa beim Ablegen einer Prüfung. Träumen, Tagträumen, kreatives Denken sieht Fox etwa in der Mitte dieses Spektrums (Fox u. Koroma, 2018). Fox hat Hinweise darauf, dass das meiste Tagträumen unbewusst verläuft, zumindest unter der Schwelle des wachen Bewusstseins (Fox u. Koroma, 2018). In Studien, in denen Menschen, nach dem Zufälligkeitsprinzip angerufen, beschreiben sollten, wo sie sich gedanklich aktuell gerade befänden, gaben die Versuchspersonen, die alle wussten, dass sie nach Tagträumen befragt werden würden, nur etwa zur Hälfte an, dass sie ihre Tagträume bewusst wahrgenommen hätten; sie konnten diese aber beschreiben, wenn man sie aus dem Tagtraum »weckte«, sie darauf aufmerksam machte (Fox u. Koroma, 2018). Domhoff und Fox (2015) zogen eine Parallele zum Nachttraum: Werden Menschen im Schlaflabor geweckt, wenn sie im REM-Schlaf sind, können sie detailliert ihre Träume erinnern, was ohne Wecken ja bekanntlich sehr schwierig ist. Man kann also davon ausgehen, dass wir ein reiches emotionales Innenleben haben, das wir selten wahrnehmen und auch nicht erinnern. Auch über die Funktion der Träume wissen wir wenig.

Laut Fox (Fox u. Koroma, 2018) gibt es viele Studien, die belegen, dass das Tagträumen mit einer verminderten Aufmerksamkeit für die äußere Welt zusammenhängt. Er schließt daraus: Kurze Unterbrechungen von externen sensorischen Inputs im Wachen führen zu kurzen spontanen Gedanken; die viel dramatischere Abkopplung von der äußeren Welt, wie wir sie im Schlaf haben, erlaubt intensivere, viel längere Gedankenketten und lässt auch ein tieferes Eintauchen in diese spontanen Gedanken zu.

## 2.1 Fantasie als Selbsttätigkeit der Seele

Fox (Fox u. Koroma, 2018) sieht diese Prozesse des selbst generierten Denkens als kontinuierlich unter der Schwelle des Bewusstseins stattfindend, konkurrierend mit anderen Inputs oder Signalen im Gehirn, die Aufmerksamkeit beanspruchen. Diesen Prozessen kann man sich bewusst zuwenden, sie beanspruchen aber unsere Aufmerksamkeit auch, wenn wir es nicht wollen. Diese Gedanken können eine große Emotionalität haben, uns beschwingen oder stören. Fox meint, dass 99 Prozent dieses Stroms von inneren Gedanken vom Gehirn als irrelevant abgetan und auch nicht bewusst werden, was aber nicht heißt, dass wir dies unterschwellig nicht dennoch mitbekommen können.

Ähnlich hat C. G. Jung dieses Phänomen schon einmal beschrieben: »Fantasie ist ja überhaupt die Selbsttätigkeit der Seele, die überall da durchbricht, wo die Hemmung durch das Bewusstsein nachlässt oder überhaupt aufhört wie im Schlaf. Im Schlaf erscheint die Fantasie als Traum. Aber auch im Wachen träumen wir unter der Bewusstseinsschwelle weiter und dies ganz besonders vermöge verdrängter oder sonst wie unbewusster Komplexe« (Jung, 1929/1971a, § 125).

## 2.2 Spezifisches zum Tagtraum: Aspekte der affektiven Neurowissenschaft

Das Tagträumen ereignet sich vor allem visuell in der Form von Bildern, auditorisch in Form von Selbstgesprächen oder imaginierten Gesprächen mit anderen Menschen sowie somatosensorisch als Gedanken über die Wahrnehmungen im Körper (Fox et al., 2013).

## 2.2.1 Der Affekt

Fox, Christoff und Dixon (2018) gehen davon aus, dass zwei Drittel der selbst generierten Gedanken und Bilder mit Emotionen verbunden sind, deshalb haben sie die Rolle des Affekts bei den selbst generierten Gedanken untersucht. Den Begriff des Affekts verstehen sie breit: »Here we use *affect* to broadly encompass features of emotions, moods and other affective states […] our goal is to synthesize the available literature that considers any aspect of emotion, affect or mood as it relates« to self-generated thought« (Fox et al., 2018b, S. 3).

Das funktionelle Neuroimaging scheint die Berichte von Imaginierenden, die auf eine hohe Prävalenz und breite Variabilität der Affekte hinweisen, zu bestätigen (Fox et al., 2018). Es ist klar, dass Emotionen, Gefühle und Stimmungen unabdingbar zu den selbst generierten Gedanken gehören. Dabei sind Tagträume von gesunden Personen emotional eher positiv, erfreulich oder eher neutral getönt. Tagträumereien handeln von dem, was einen aktuell emotional am meisten beschäftigt, umtreibt, mit Sorge erfüllt, aber auch freut. Exzessive Tagträumer, Menschen, die mehr als 50 Prozent der wachen Zeit im Tagtraummodus verbringen, wie auch solche Menschen, die in Achtsamkeit und Meditation geschult sind, berichten von einem hohen Niveau an belohnenden selbst generierten Gedanken.

Negative Stimmung korreliert mit retrospektiven Ideen beim Tagträumen, was im Grübeln endet, während normalerweise beim Gedankenwandern eher eine Tendenz des Sich-Entwerfens in die Zukunft auszumachen ist.

Die Stimmung in den Tagträumen scheint auch davon abhängig zu sein, in welcher Modalität sich Tagträume ereignen: »Affect can also be related to the sensory modality of self generated thought: for instance negative affect correlates with increased narrative (verbal/ auditory) thought, whereas positive affect correlates with thoughts that are more visual in nature« (Fox et al., 2018, S. 6). Die Aktivierung des visuellen Kortex ist verbunden mit positiven Gefühlen; will man eher positive Gefühle evozieren, so ist es also sinnvoll, vorstellungsbezogen, bildhaft, zu erzählen.

Die affektive Qualität gibt den imaginierten Szenen ihren Wert. Der affektive Zustand des Menschen – sowohl in Laborversuchen als auch im Alltag – ist beeinflusst durch den affektiven Gehalt der selbst generierten Gedanken. Das depressive Ruminieren zum Beispiel, als eine Art auf sich selbst bezogenen Denkens, als Grübeln über die Ursachen und die Konsequenzen der Depression, verstärkt eher die depressiven Symptome. Dasselbe gilt für die generalisierte Angststörung: Sich wiederholende negative Gedanken bewirken Unruhe darüber, was die Zukunft bringen mag (Fox et al., 2018). Die selbst generierten Gedanken können aber auch durch das Erleben von Emotionen verändert werden, etwa durch die Erinnerung an eine freudige Situation.

### 2.2.2 Absichtliches und unabsichtliches Gedankenwandern

Seli, Risko, Smilek und Schacter (2016) machen eine Unterscheidung zwischen absichtlichem und unabsichtlichem Gedankenwandern. Bei nicht absichtlich intendierten Episoden von Gedankenwandern ist sich der Tagträumende nicht bewusst, dass er tagträumt. Bei absichtlich intendierten Tagträumen, ich würde da von Imaginationen sprechen, ist der Imaginierende sich natürlich bewusst, dass er sich jetzt in einem Tagtraummodus befindet. Diese Feststellung korrespondiert mit der Frage von Menschen, die sich mit Imaginationen beschäftigen, ob ihnen ein Tagtraum eingefallen ist oder ob sie ihn gemacht haben. Damit verbunden ist die Frage: Kommt der Tagtraum aus dem Unbewussten oder ist er vom Bewusstsein her gesteuert? Interessant in diesem Zusammenhang ist die Feststellung von Seli: »[A]lthough unintended episodes of unintentional mind-wandering are nevertheless experienced as being authored by the individual [...] and are thus accompanied by a sense of agency« (Seli et al., 2016, S. 606).

Man hat, auch bei unfreiwilligem Tagträumen, primär nicht das Gefühl, von einer fremden Macht beeinflusst zu sein, sondern man fühlt sich auch für diese Formen der selbst generierten Gedanken zuständig, man fühlt sich auch für das eigene Unbewusste zuständig. Das dürfte dort nicht gelten, wo dissoziative Inhalte die Imagination bestimmen. Seli et al. gehen davon aus, dass Menschen, die öfter von unbeabsichtigten Tagträumen sprechen, höhere Werte bei ADHS und bei Zwangsstörungen haben. Das dürfte auch für das Ruminieren, das Grübeln, gelten: Das unbeabsichtigte stereotype Tagträumen verbunden mit negativen Affekten wird in der Tiefenpsychologie mit dem Konzept der Komplexe erklärt. Darauf werde ich noch eingehen.

### 2.2.3 Soziale Situationen

Berichte von Tagträumen handeln oft von imaginierten sozialen Situationen, glücklichen und auch schwierigen, vor allem aber von den Gedanken und Absichten anderer Menschen. »This has led to the general notion, that ›mentalizing‹ (i. e. thinking about the thoughts and minds of others) and the consideration of hypothetical social situations may be key components of spontaneous thought« (Fox et al., 2013, S. 6). Diese Erkenntnis verwundert nicht, handeln doch Tagträume – und auch die Nachtträume – von dem, was uns emotional am meisten beschäftigt: Beziehungen sind für Menschen zentral, und dazu gehört auch das kluge Umgehen innerhalb der menschlichen Beziehungen, etwa das Erahnen dessen, was denn die anderen Menschen so vorhaben, womit zu rechnen ist – und gerade darüber denken wir oft nach, meist eher in einem tagträumerischen Modus als total fokussiert. Da Tagträume von dem handeln, was uns emotional am meisten beschäftigt – auch wenn uns das möglicherweise nicht bewusst ist –, haben sie eine wichtige Funktion: Wir verarbeiten und bewältigen emotionale Zustände, die uns beschäftigen, mit denen wir umgehen müssen (Fox et al., 2013).

Fox meint, das würden die Tagträume einfach »so«, von sich aus, leisten, ich meine aber, dieses Bewältigen von schwierigen emotionalen Zuständen entwickle sich aus der Auseinandersetzung des Gedankenwanderns mit fokussiertem Denken und allenfalls auch mit dem gestalterischen Darstellen dieser Vorstellungen. Kreativität ist für Fox eine natürliche Folge seines Verständnisses von Tagträumen: Wenn man sich intensiv mit einem künstlerischen oder wissenschaftlichen Problem auseinandersetzt, dann ist es eben dieses Problem, was einen aktuell am meisten beschäftigt, was gelöst werden will. Der natürliche Fokus des Tagträumens liegt auf den für uns emotional wichtigen aktuellen Anliegen. Das bedeutet aber auch, dass wir mit unseren speziellen Interessen unsere Tagträume in eine bestimmte Richtung beeinflussen können. Beim depressiven Ruminieren steigert man sich in negative Gedanken über sich selbst, über Misserfolge, über schlechte Aussichten für die Zukunft hinein. Die normale Tendenz, Tagträume im breiten Rahmen von verschiedenen Emotionen zu erleben, mit einer leichten Bevorzugung von positiven Emotionen, fokussiert unter diesen Umständen aber vor allem auf negative Gedanken, auf Imaginationen für den schlechtestmöglichen Ausgang. Könnte man sich für positive Emotionen, zum Beispiel Interesse und Lust am Explorieren, engagieren, würde das auch die Tagträume verändern.

## 2.2.4 Kreativität

Baird et al. (2012) sind der Ansicht, dass das Tagträumen die Kreativität erhöht: Nicht einfach werde Kreativität dadurch möglich, dass man sich mit Problemen beschäftigt, die die Kreativität betreffen, sondern es bestehe ein grundsätzlicherer Zusammenhang. Sie gehen davon aus, dass jede Art von unverbundener Kognition kreative Lösungen befördert, besonders, wenn man sich zuvor mit dem Gegenstand intensiv auseinandergesetzt hat. Und umgekehrt: Zu sehr fokussiert zu sein auf Probleme kann bewirken, dass die kreativen Lösungen weniger werden (Baird et al., 2012). Diese Idee entspricht der schon sehr lange herrschenden Vorstellung, dass man, um kreativ sein zu können, sich intensiv und bewusst mit dem infrage stehenden Gegenstand beschäftigt, sich dann aber davon löst, das Problem ruhen lässt im sogenannten Inkubationsprozess und auf einen guten Einfall wartet: Dieser kann sich im Tagträumen Bahn schaffen. Natürlich muss man dann auch wieder bewusst diese Einfälle reflektieren.

Baird et al. haben in einer Studie festgestellt, dass durch spezifisches unzusammenhängendes Denken, wie es sich beim Durchführen sehr einfacher Arbeiten und Aufgaben ereignet, die kaum Aufmerksamkeit verlangen, das kreative Problemlösen erleichtert wird, dass aber grundsätzlich durch ein weniger gerichtetes Denken das Gedankenwandern mehr wird. Die Autoren weisen allerdings darauf hin, dass diese Erkenntnisse für Probleme gelten, die man schon bearbeitet hat, nicht aber für neue Probleme, mit denen man sich noch nicht beschäftigt hat. Auch wenn die Studie nach Angaben der Verfasser noch einige Mängel aufweist, scheint die Aussage, die sie im Titel ihres Beitrags nennen – »Inspired by distraction: Mind wandering facilitates creative incubation« (Baird et al., 2012) –, doch belegt zu sein. Sie korrespondiert deutlich mit den Ideen der »alten« Kreativitätsforschung, wie sie etwa Paul Matussek verstanden hat (1974), und zugleich mit den Ideen der tiefenpsychologisch und psychodynamisch orientierten Psychotherapeuten, die vorschlagen, sich intensiv mit einer Sache zu befassen, sie dann loszulassen und das Unbewusste daran arbeiten zu lassen und auf einen Einfall zu warten, ob im Tagtraum oder im Nachttraum.

## 2.3 Die Vorfreude

In diesem Zusammenhang finde ich die Vorfreude besonders interessant: Die Vorfreude lebt in der Zukunft und damit auch ganz und gar in der und von der Vorstellung. Tagträume handeln oft von der Vorfreude. Anders als die »normale« Freude, die in einer bestimmten Situation aufbricht und aufleuchtet, wenn das Leben besser ist als erwartet, schöner, begeisternder, die in dem jeweiligen Moment wahrgenommen werden muss und die wir dann in der Erinnerung immer wieder neu beleben können, stammt die Vorfreude aus einer Imagination. Zum einen wissen wir um Situationen, die uns schon viel Freude gemacht haben, und sind sicher, dass sie wieder Freude auslösen werden. Die Vorfreude etwa auf das Schwimmen in einem geliebten Meer. Diese Vorfreude ist in keiner Weise riskant, aber ein ruhiger Quell der Freude. Zum anderen gibt es eine Vorfreude, die genährt ist aus Sehnsüchten, Wünschen, Erwartungen. Wir freuen uns auf eine anregende, inspirierende Begegnung mit einigen besonderen

Menschen, die wir noch nicht kennen, von denen wir aber sehr viel erwarten. In der Vorfreude sind wir im Erleben der Fantasie bereits dort, wo eine Erwartung erfüllt wird. Der Anlass, der Freude auslösen wird, wird als fast sicher eintretend vorgestellt oder auch richtig herbeifantasiert. In der Vorwegnahme eines Ereignisses, von dem wir uns große Freude versprechen, haben wir viele Freiheitsgrade. Wir können ein künftiges Ereignis gerade so ausmalen, dass es uns große Freude machen wird.

Gelegentlich wird es als weise bezeichnet, die Vorfreude zu kontrollieren, sie nicht zu groß werden zu lassen. Damit will man einer möglichen Enttäuschung zuvorkommen. Die Enttäuschung wäre dann allerdings nicht so groß, wenn uns klar wäre, dass die Vorfreude für sich allein gesehen werden muss, ungeachtet dessen, ob eintrifft, was man sich ausgemalt hat, oder nicht. Die Vorfreude als Erfahrung, als belebende Fantasie kann uns niemand nehmen, auch wenn die Situation, auf die sie sich bezieht, den Erwartungen in keiner Weise entspricht. Die Vorfreude aber kann auch nicht nachgeholt werden, wenn etwas sich als wesentlich besser, schöner, anregender erwiesen hat als gedacht.

In der Vorfreude nehmen wir eine Situation im Leben, oft auch eine soziale Situation, vorweg, die wir uns weitgehend nach unseren Wünschen und Bedürfnissen vorstellen. An der konkreten Situation wirken dann aber alle Beteiligten mit. In der Vorfreude haben wir die Tendenz, die Realität der Mitspielenden etwas zu vergessen. Das hat den Vorteil, dass uns bewusst wird, was uns wirklich eine große Freude machen würde, es lässt uns unsere wirklichen Wünsche und Sehnsüchte, aber auch unsere Erwartungen erkennen.

# 3 Der Traum

Domhoff und Fox (2015) verstehen das Träumen als eine Form von verkörperter Simulation, in der die selbst generierten Gedanken vollständiger umgesetzt und dramatisiert werden als im wachen Denken. Als eine Inszenierung (Enactment) schließt der Traum den Träumer als Akteur oder als Beobachter ein, und meistens ist der Träumer im Traum mit irgendeiner Aktivität befasst. Der Traum wäre dann ein unfreiwilliger, aber organisierter mentaler Akt, der glaubwürdige Simulationen der realen Welt erzeugt. Simulation ist hier in dem Sinne verwendet, wie es auch von den Forschern des Gedankenwanderns verwendet wird, nämlich als »a particular kind or subset of thinking that involves imaginatively placing oneself in a hypothetical scenario and exploring possible outcomes« (Schacter, Addis u. Buckner, 2008, S. 45, zit. nach Domhoff u. Fox, 2015, S. 344). Sie bezeichnen es als »verkörperte Simulation«.

»Moreover this concept is consistent with the idea that the mental imagery during dreaming is best understood as ›embodied simulation‹. The concept of embodied simulation as we use it is based on experimental evidence from psychological research, which reveals that brain areas supporting visual and sensorimotor processing are also activated when purely mental imagery is generated (in absence of the perceptual inputs); in addition the imagery involved in simulation, whether *literal or figurative* is subjectively ›felt‹ as the experienced body in action« (Domhoff u. Fox, 2015, S. 344).

Domhoff und Fox (2015), die Hunderte von Traumerzählungen von Erwachsenen und Kindern studiert haben, definieren das Träumen also als unfreiwilligen, aber organisierten mentalen Akt, der glaubwürdige Simulationen der realen Welt ermöglicht. Die Bildsprache beim Träumen verstehen sie als »verkörperte Simulation«. Simulation als eine bestimmte Art von Denkweise, die darin besteht, sich fantasievoll in ein hypothetisches Szenario zu versetzen und mögliche Ergebnisse zu untersuchen. Diese Definition des Träumens als verkörperte Simulation, in der selbst generierte Gedanken umgesetzt werden, entkoppelt das Träumen vom Schlafen. Das Tagträumen und das Träumen können als ein Kontinuum verstanden werden, wie das auch schon Hartmann (2011) und andere angeregt haben. Das heißt: Traumepisoden können in Tagträumen auftauchen, Episoden von Tagträumen in Nachtträumen. Träume können imaginativ erzählt werden, Aspekte des Traums mit Vorstellungen in einen größeren Zusammenhang gestellt werden. Wer die eigenen Träume nur schlecht erinnert, kann sich dem Unbewussten in Form der Tagträume annähern. Damit entsteht aus psychotherapeutischer Sicht die Möglichkeit, das ganze Spektrum, den ganzen Reichtum des Träumens besser wahrzunehmen und Träume besser zu verstehen, eine bereichernde Verbindung vom nächtlichen Traumerleben zu den Tagträumen herzustellen und dadurch auch Einfluss auf emotional schwer auszuhaltende Träume zu nehmen sowie die Selbstregulierung der Emotionen zu verbessern.

## 3.1 Nachttraum und Tagtraum: Ähnlichkeiten und Unterschiede

Ähnlichkeiten zwischen Nachttraum und Tagtraum sehen die Traumforscher vor allem darin, dass Emotionen in beiden eine zentrale Funktion haben, und zwar negative und positive Emotionen, die sich beide darauf beziehen, was einen aktuell emotional beschäftigt. Den Grund dafür, dass emotionale und persönlich relevante Inhalte sowohl die Träume als auch die Tagträume bestimmen, sehen verschiedene Forscher in dem Umstand, dass emotionale und bedeutende Erfahrungen im episodischen und im autobiografischen

Gedächtnis gespeichert sind, im Traum diese Inhalte aber nicht einfach wiederholt, sondern immer wieder neu zusammengesetzt werden. Hartmann (2011) betont immer wieder, dass Träume nicht einfach wiederholen, sondern kreativ sind. Die Kontinuitätshypothese gilt sowohl für Träume als auch für das Tagträumen: die Idee, dass in Tagträumen und Träumen aktuell wichtige Anliegen weiterverarbeitet werden. Stressreiche Situation, wie etwa eine Scheidung oder Verluste, sind oft Gegenstand von Tagträumen und von Träumen, wobei die mit dem Thema verbundenen Emotionen mehr im Vordergrund stehen als das Thema als solches. Dabei spielen simulierte soziale Aktionen eine wichtige Rolle. Besonders interessant ist der Hinweis auf das Mentalisieren oder auf die Anwendung der Theory of Mind im Träumen: Gedanken über die möglichen Gedanken, die möglichen Emotionen, die mögliche Motivation anderer kommen oft vor, sowohl in Träumen als auch in Tagträumen (Fox et al., 2013).

Spezifisch für den Traum ist es, dass wir uns nicht bewusst sind, dass wir träumen, außer in den doch seltenen luziden Träumen, in Träumen also, in denen uns bewusst wird, dass wir träumen. Aber auch bei den Tagträumen geben 45 Prozent der Befragten an, sich nicht bewusst gewesen zu sein, dass sie sich im Tagtraummodus befanden (Fox et al., 2013).

Die Körpersensationen sind im Traum intensiver als im Wachtraum; das mag damit zusammenhängen, dass der Traum räumlicher ist, länger anzudauern scheint, also längere Sequenzen hat als die selbst generierten Gedanken im Wachen, visuell oft reichere Imaginationen enthält, mit der Tendenz, auch bizarrer zu sein. Träume sind noch mehr von Emotionen bestimmt als die selbst generierten Gedanken (Fox et al., 2013). Schredl (1999) informiert, dass etwa 86,5 Prozent der Träume deutlich emotional betont sind.

## 3.2 Die Bedeutung dieser Ergebnisse für die therapeutische Praxis

Tagträume, Fantasien, Imaginationen und das Imaginieren, Konzepte, die in der Psychotherapie nach C. G. Jung schon immer eine große Bedeutung hatten, werden – wie aufgezeigt – seit Neuem wieder in ihrer Bedeutung untersucht und dargestellt. Die Verbindung vom Imaginieren zum Träumen wurde aber auch schon von Jung formuliert. Die Traumtheorien von Jung können leicht mit diesen neuen Forschungen verbunden und auch neu befragt werden. Eine Folge dessen: Es ist zu erwarten, dass sich der Umgang mit den Träumen verändert. Er kann emotionsbetonter werden, spielerischer, imaginativer. Diese Sicht regt dazu an, sich auch die nächtlichen Träume imaginativ vorzustellen – imaginativ meint, mit allen Kanälen der Vorstellung: den Traum nicht nur zu erzählen, sondern ihn bildhaft zu sehen, vielleicht zu riechen, zu schmecken, zu hören, zu betasten, Bewegungsempfindungen wahrzunehmen und damit eine Verbindung zwischen dem Traum und der Imagination herzustellen. Diese Methode stellt den Traum deutlicher als bisher üblich in einen emotionalen Zusammenhang, weckt emotional betonte Assoziationen und verbindet die einzelnen Traumteile oder Symbole leichter mit Erinnerungen und Erwartungen. Besonders bei Angstträumen ist das hilfreich, weil dann sowohl die Angst, die oft körperlich erlebbar ist, als auch mögliche Bewältigungsformen zugänglich werden.

Grundsätzlich werden so die wichtigen Emotionen, die im Traum erkennbar sind, spürbar, erlebbar – und sie können dadurch auch befragt und verarbeitet werden. Bei Menschen, die wenig träumen, kann mit Imaginationen gearbeitet werden, sodass auch hier eine Ahnung entsteht, wohin denn die Entwicklung des jeweiligen Menschen gehen könnte. Da hat nicht mehr einer oder eine die Deutungshoheit, sondern in einem gemeinsamen kreativen Prozess können sich Fragen und Anregungen für die Lebensgestaltung und für Problemlösungen ergeben. Ich meine damit nicht, dass Träume einfach Lösungen bereithalten, sie stellen vielmehr Fragen aus einem anderen, neuen Blickwinkel.

## 3.3 Imagination und Traum bei C. G. Jung

C. G. Jung sieht die Imagination als »seelisches Urphänomen« (Jung,
1929/1971b, S. 86). Und weiter: »Die Imagination ist die reproduktive oder schöpferische Tätigkeit des Geistes überhaupt, ohne ein
besonderes Vermögen zu sein […]. Die Fantasie als imaginative Tätigkeit ist für mich einfach der unmittelbare Ausdruck der psychischen
Lebenstätigkeit, der psychischen Energie, die dem Bewusstsein nicht
anders als in Form von Bildern oder Inhalten gegeben ist« (Jung,
1921/2011, § 792).

Für Jung erscheint die Fantasie im Schlaf als Traum, er ist aber der
Ansicht, dass wir auch im Wachen unter der Bewusstseinsschwelle
weiterträumen und dass diese »Tagträume« uns gelegentlich auch
zugänglich werden (Jung, 1929/1971a, § 125). Den Grund dafür sieht
Jung in den Komplexen, in generalisierten dysfunktionalen emotional
betonten Beziehungserfahrungen. Diese bewirken Träume; das heißt:
Emotionale Probleme lösen die Träume aus, sie werden aber auch in
den Träumen »verträumt« und die damit verbundenen Beziehungsmuster nach und nach verändert, nicht zuletzt auch dadurch, dass
die Komplexe Imaginationen anbieten, denen zu folgen »dem Leben
wieder Strömung verleiht« (Jung, 1929/1971a, § 84, § 86).

Es geht bei der Imagination – auch im Lichte der Tiefenpsychologie – um die reproduktive Fantasie, die in Zusammenhang mit
Gedächtnis und Wahrnehmung steht: Es geht um das vorstellungs-
und emotionsbezogene Erinnern. In dieser Form des Erinnerns ver-
gegenwärtigen wir uns vergangene Situationen. Sie werden aktuell,
können auch neu reflektiert und in das Ganze des Lebens eingebaut
werden. Da das Erinnern auch abhängig ist von den jeweiligen vorherrschenden Emotionen und damit auch verbunden mit der aktuellen Lebenssituation, kann das, was wir für die Fakten halten, angereichert mit neuen Perspektiven erinnert werden (Kast, 2010).

Es geht bei der Imagination aber auch um die produktive Fantasie, eine spontane Form der Vorstellung als Aspekt des Schöpferischen, die wir mit Freiheit und Gestaltung verbinden, emotional mit

Vorfreude und mit Interesse. Was können wir nicht alles finden und erfinden, wenn wir es zulassen – zunächst in der Fantasie.

Schacter und Buckner (2007) gehen davon aus, dass die Zukunft sich vorzustellen neuronal die gleichen Verknüpfungen benötigt wie die Erinnerung der Vergangenheit. Besonders das episodische Gedächtnis sei involviert in unsere Fähigkeit, uns etwas vorzustellen, was noch nicht existiert, zukünftige Ereignisse zu simulieren. Auch Tulving meint, dass das episodische Gedächtnis, definiert als ein Gedächtnissystem, das die Erinnerung persönlicher Erfahrungen ermöglicht, auch für mentale Zeitreisen zur Verfügung stehe (Tulving nach Schacter u. Buckner, 2007): Sich in mentalen Zeitreisen zu ergehen, hält er für allgemein menschlich. »Given the adaptive priority of future planning, we find it helpful to think of the brain as a fundamentally prospective organ that is designed to use information from the past and the present to generate predictions about the future« (Schacter u. Buckner, 2007, S. 660). Und das ist es, was uns auch Tagträume und Träume ermöglichen.

Viele unserer Fantasien sind Befürchtungsfantasien. Wollte man diese nicht wahrnehmen, dann wäre man nach Schacter und Buckner auch in den Fantasien, die in die Zukunft greifen, gehemmt (2007). Gerade aber dadurch, dass man sich diesen Befürchtungsfantasien stellt, sie sich ansieht, können neue Perspektiven erlebbar werden, können sich neue Räume eröffnen. Spricht man von Imagination, von der Vorstellungskraft, spricht man von einem Vorstellungsraum, den man sich konsumierend oder produzierend erschaffen kann. Konsumierend, indem man Bücher liest, sich Filme, andere Kunstwerke ansieht – auch das sind miteinander geteilte, mitgeteilte Imaginationen, zum Teil über Jahrhunderte hinweg. Produzierend geht man mit der Vorstellungskraft um, indem man selbst solche Werke schafft. Die Vorstellung schafft Geschichten und, wenn man ein künstlerischer Mensch ist, auch Kunstwerke. Wir haben eine natürliche Tendenz, unsere Vorstellungskraft zu schulen, sie lebendiger werden zu lassen. Wir lassen uns anregen von kreativen Werken anderer, von materialisierten Imaginationen also, und schaffen in Resonanz darauf etwas Eigenes. Das mag eine Idee sein, ein Gedanke, ein Gefühl, ein Bild oder ein ganzes Buch. Menschen haben ein großes Interesse an der Welt der Fantasie. Und die Welt der Fantasie wird miteinander geteilt – und neue Antworten darauf werden gesucht und gefunden.

Es geht bei unseren Vorstellungen nicht nur um unsere persönlichen Erinnerungen und Pläne, sondern auch um das kulturelle Gedächtnis und die Visionen unserer Kultur. Wir erleben uns in unseren Vorstellungen, Tagträumen, aber auch in den Träumen der Nacht in Resonanz zu Bildern der Kunst, zu Bildern, die im Zusammenhang mit dem Hören von Musik entstehen, zu Geschichten, zu Gedanken, zu Filmen, wenn sie uns emotional ansprechen. Durch dieses In-Resonanz-Erleben werden unsere Imaginationen bereichert, in einen größeren menschlichen Zusammenhang gestellt.

Alle Theorien der Veränderung, besonders aber die Kreativitätsforschung, beruhen auf der Imagination. Der Raum der Imagination ist der Raum der Freiheit und der Möglichkeiten – ein Raum, in dem auf ganz natürliche Weise Grenzen überschritten, Raum und Zeit relativiert, Möglichkeiten erlebbar werden, die wir nicht mehr oder noch nicht haben. Es ist ein Raum, in dem Menschen spielen können, sich im Spiel erproben können, Lösungen für Probleme finden, aber auch Zielvorstellungen für die Zukunft entwickeln.

### 3.3.1 Emotionen in Bilder übersetzen

Die neurokognitiven Forschungen zeigen auf, dass Tagträume, selbst generierte Gedanken, das Gedankenwandern – aber auch die Nachtträume – in einem hohen Maße mit Emotionen verbunden sind. Mit dieser Erken,ntnis ist eine wichtige Verbindung zum Denken von C. G. Jung herzustellen.

Jung begann seine wissenschaftliche Karriere mit dem Assoziationsexperiment und damit verbunden mit der Komplextheorie: Er begann seine Karriere mit der Untersuchung der Emotionen, die er als Grundlage dessen verstand, was es bedeutet, ein menschliches Wesen zu sein.

»Die wesentliche Grundlage unserer Persönlichkeit ist die Affektivität. Denken und Handeln ist sozusagen bloß Symptom der Affektivität« (Jung, 1907/1985, § 78). Zu dieser Aussage gibt es eine klärende Fußnote: »Bleuler schlägt für Gefühl-Gemüt-Affekt-Emotion den Ausdruck ›Affektivität‹ vor, der nicht nur die Affekte im eigentlichen Sinne, sondern auch die leichten Gefühle oder Gefühlstöne der Lust und Unlust bei allen möglichen Erlebnissen bezeichnen soll.«

Die Emotionen sichtbar werden zu lassen als eine Möglichkeit, sie zu regulieren und dadurch auch zu verstehen, welche Lebensthemen, welche Konflikte, welche Pläne und Wünsche damit verbunden sind, war ein zentrales Anliegen von C. G. Jung und ist nach wie vor noch ein zentrales Anliegen in der Psychotherapie nach C. G. Jung. Weitgehend alle Techniken, die im Rahmen der Jung'schen Therapie angewendet werden, gehen auf eine entsprechende Erfahrung Jungs zurück, die er im Buch »Erinnerungen, Träume, Gedanken« (Jung, 1961/2005, S. 181) beschrieben hat im Zusammenhang mit seiner Auseinandersetzung mit dem Unbewussten: In einem emotional sehr aufgewühlten Zustand konzentrierte er sich auf diese Emotionen und ließ Bilder aufsteigen. Er schreibt: »In dem Maße, wie es mir gelang, die Emotionen in Bilder zu übersetzen, d. h. diejenigen Bilder zu finden, die sich in ihnen verbargen, trat innere Beruhigung ein [...]. Mein Experiment verschaffte mir die Erkenntnis, wie hilfreich es vom therapeutischen Gesichtspunkt aus ist, die hinter den Emotionen liegenden Bilder bewusst zu machen« (S. 181).

Emotionen können in Bilder übersetzt werden, das bringt uns Erkenntnis. Bilder können aber auch durch Imaginationen verändert werden, und damit verändert sich auch der emotionale Zustand. Jung hat unter anderem eine Technik, die er »aktive Imagination« nannte, angewendet: eine Technik, bei der man sich bewusst auf Inhalte der Fantasie, komme sie aus Tagträumen oder aus Träumen, bezieht und sich damit auseinandersetzt, indem man die Fantasien sich weiterentwickeln lässt, indem aber auch das Bewusstsein Stellung dazu bezieht (Kast, 2012).

C. G. Jung: »Da in der aktiven Imagination das Material bei wachem Bewusstsein hervorgebracht wird, ist es abgerundeter als bei den Träumen [...] so sind zum Beispiel die Gefühlswerte drin enthalten, und man kann die Abläufe mit dem Gefühl beurteilen. Sehr oft haben die Patienten selber den Eindruck, dass ihr Material nach Sichtbarwerden drängt […] oder sie stehen unter einer Emotion, die, wenn sie in eine Form gegossen werden könnte, verständlich würde […] daher beginnen sie zu zeichnen, zu malen oder ihre Bilder plastisch darzustellen« (Jung, 1935/1981, § 400).

Es geht um Emotion, um Gestalten und um Verstehen, besonders in den Situationen, in denen Menschen unter ihren Affekten leiden, etwa zu sehr unter Angst leiden, unter Scham, Neid usw. Konzentriert man sich auf den Affekt, wird er zu einer mehr oder weniger deutlichen Vorstellung, die auch dargestellt, etwa gemalt werden kann. Sie bekommt dadurch eine besondere Wirksamkeit: Innere Bilder werden durch das Gestalten in der äußeren Welt sichtbar, es kann darüber gesprochen werden. Sie gestaltet zu haben, gibt eine Erfahrung von Selbstwirksamkeit. Man ist den Emotionen nicht einfach ausgeliefert, sie können auch reguliert, dargestellt und verstanden werden, und wir können sie dadurch auch vernetzen. So verstehen wir etwa, dass wir eine »unverhältnismäßige« Angst in einer Situation haben, weil uns eine ähnliche Situation, die für uns schmerzhaft war, noch in den Knochen steckt; wir verstehen, dass wir mit einem lebensgeschichtlichen Überhang reagieren (Riedel u. Henzler, 2016). Das Entwickeln von Imaginationen, das Gestalten, hat eine große Wirkung auf die Bewältigung von Problemen, aber auch auf die Entwicklung des Schöpferischen.

Fox et al. (2013) sind der Ansicht, dass Tagträume emotionale Zustände, die uns beschäftigen, verarbeiten, sie bewältigen – einfach so. Ich meine aber, dass wir an der Schwelle zwischen Bewusstsein und Unbewusstem ein reges emotionales Leben haben, beeinflusst durch Imaginationen; Emotionen werden sichtbar durch Bilder und Bilderfolgen, die wir aufsteigen lassen. Dabei scheint mir gerade die Idee von Jung, Emotionen in Bilder zu übersetzen, sehr hilfreich, besonders auch im Umgang mit Gefühlsansteckung, aber auch umgekehrt: aufsteigende Bilder auf ihren emotionalen Gehalt zu befragen. An dieser Schwelle, so scheint mir, wird vieles von dem, was fixiert zu sein scheint, verflüssigt und bringt neue Ideen und Perspektiven ins bewusste Denken.

### 3.3.2 Komplexe: Architekten der Träume

Im Zusammenhang mit den Imaginationen stehen auch die beiden Traumtheorien von C. G. Jung, die eine, dass Komplexe die Träume verursachen, die andere, dass Träume das Bewusstsein kompensieren.

C. G. Jung: »Fantasie ist ja überhaupt die Selbsttätigkeit der Seele, die überall da durchbricht, wo die Hemmung durch das Bewusstsein nachlässt oder überhaupt aufhört wie im Schlaf. Im Schlaf erscheint die Fantasie als Traum. Aber auch im Wachen träumen wir unter der Bewusstseinsschwelle weiter und dies ganz besonders vermöge verdrängter oder sonstwie unbewusster Komplexe« (Jung, 1929/1971a, § 125, S. 60).

Komplexe sind internalisierte, generalisierte konflikthafte Beziehungserfahrungen, emotional betont, mit einem bestimmten Beziehungsthema. Sie sind mehr oder weniger verdrängt. Wird die Emotion oder das Thema im Alltag berührt, konstelliert sich der Komplex: Der Mensch hat eine emotionale Überreaktion, oder er reagiert überhaupt nicht. Die Wahrnehmung der Welt geschieht im Sinne des Komplexes (alle behandeln mich von oben herab …). Das Verhalten ist unfrei, durch den Komplex determiniert; es herrscht ein Wiederholungszwang. Die Fantasien wiederholen sich, besonders die Befürchtungsfantasien. Aber auch die Zukunft wird im Lichte dieser Fantasien gesehen. Es war schon immer so – und es wird auch immer so sein. Allerdings weist Jung darauf hin, dass in den Komplexen auch »Keime neuer Lebensmöglichkeiten« liegen (Jung, 1928/1985a, § 210). Als Energiezentren machen sie die Aktivität des psychischen Lebens aus. Und diese »Keime neuer Lebensmöglichkeiten« zeigen sich in Träumen und Fantasien. – Also nicht nur Wiederholung, sondern auch neue Lebensmöglichkeiten? Die Keime neuer Lebensmöglichkeiten, die in den Komplexen auch zu sehen sind, diese schöpferischen Keime, zeigen sich, wenn die Komplexe nicht verdrängt werden, wenn man sich auf die Stimmung, das Gefühl oder den Affekt konzentriert und dabei die Fantasien, die auftauchen, wahrnimmt und ausgestaltet. Sie zeigen sich letztlich in den dabei entstehenden Symbolen. Symbole sind sowohl Ausdruck der Komplexe als auch Verarbeitungsstätte der Komplexe. In den Symbolen werden die Komplexe sichtbar, auch in den Symbolen des Traums. In den Symbolen fantasieren sich die Komplexe aber auch aus.

Damit ist eine Verbindung zu dem, was in den Forschungen zum Tagträumen unter Ruminieren verstanden wird, hergestellt (Fox et al., 2018). Dass sich die selbst generierten Gedanken auch im Ruminieren festsetzen können, hat unter anderem zu der Idee geführt, dass Tagträume das Leben beeinträchtigen und das stringente Arbeiten verhindern, also zu vermeiden sind. Smallwood und Andrews-Hanna (2013) plädieren für einen ausgewogenen Umgang mit den selbst generierten Gedanken und weisen darauf hin, dass repetitive Gedanken, die auf das Negative fokussieren, wie man es bei Depressiven und Angstpatienten findet, maladaptiv sind, weil sie Zufriedenheit gar nicht mehr aufkommen lassen. Diese stereotypen negativen Gedanken sind mit Komplexen verbunden. Wenn nun Komplexe hinter den Träumen stehen, bedeutet das, dass emotionale Probleme die Träume auslösen. Träume können aber auch die Emotionen und die damit verbundenen Beziehungsmuster verändern, sie in neuem Licht zeigen und so neues Verstehen und Verhalten ermöglichen, dies wäre im besten Fall ein Weg heraus aus dem Ruminieren.

Dass Komplexe die Architekten der Träume sind, steht in Einklang mit der Kontinuitätshypothese der Traumforschung (Schredl, 1999; Hartmann, 2011) und der Forschungen zum Gedankenwandern: Träume beschäftigen sich emotional meistens mit dem, was uns auch im Alltag beschäftigt, stellen aber unsere Konflikte, Sorgen, Erwartungen in einen neuen Zusammenhang. Kontinuität ist hier wohl weniger die Kontinuität von Inhalten, sondern Kontinuität der vorherrschenden emotionalen Situationen. Und diese können sich in den Träumen in vielen Szenarien darstellen und angereichert werden. Komplexe mit ihren Emotionen werden in den Träumen auch bearbeitet: Stereotype Gedächtnisinhalte, die die Komplexepisoden wesentlich ausmachen, können im Traum mit anderen Gedächtnisinhalten in Verbindung gebracht und auch anders verknüpft werden, die Emotionen können sich dabei subtil oder drastisch verändern (vgl. Kast, 2006).

### 3.3.3 Kompensation

Die zweite Traumtheorie von Jung ist die der Kompensation: Träume kompensieren die bewusste Einstellung, können also Hinweise darauf geben, was zu sehr ausgespart ist im Leben oder was eine neue Entwicklung einleiten könnte, wo vielleicht Ressourcen zu finden sind.

Im Zusammenhang mit der Idee der Kompensation steht die Idee Jungs, dass »die Bedeutung des Unbewussten für die Gesamtleistung der Psyche wahrscheinlich ebenso groß [ist] wie die des Bewusstseins« (1929/1971b, § 491). Nicht nur das Bewusstsein gibt eine aktive Orientierung, auch das Unbewusste kann, wie das Bewusstsein, eine »final orientierte Führung« übernehmen. Diese Idee wird heute von neurowissenschaftlichen Forschungen gestützt (Roth, 2001, S. 228 ff.).

C. G. Jung geht allerdings mit der Idee, dass das Unbewusste eine leitende Funktion auf das Bewusstsein ausüben könnte, noch weiter: Wesentliche Impulse zur Entwicklung kommen nach seiner Vorstellung aus dem Unbewussten, in Form von Träumen, Einfällen, Bildern: »Dementsprechend hätte dann der Traum […] den Wert einer positiv leitenden Idee oder einer Zielvorstellung, die dem momentan konstellierten Bewusstseinsinhalt an vitaler Bedeutung überlegen wäre« (Jung, 1929/1971b, § 491).

Die Theorie der Kompensation wird in der Traumforschung als *Komplementärhypothese* beschrieben, die auf C. G. Jung zurückgeht und besagt, dass im Traum Gedanken, Gefühle, Haltungen auftauchen, die im Alltag zu kurz gekommen sind, die jetzt aber wesentlich wären für die Entwicklung der Identität des oder der Träumenden. Man kann die Theorie der Kompensation mit der Idee der Kontinuität durchaus verbinden; hat man einen Kompensationstraum vor sich, dann erlebt man ihn gerade entweder als Einbruch von etwas Wunderbarem oder aber von etwas, das man so nicht akzeptieren kann. Hat man sich aber erst länger damit auseinandergesetzt, dann kann es einem bewusst werden, dass dieser Traum einen durchaus wichtigen Aspekt des eigenen Lebens aufzeigt. Typische Kompensationsträume sind etwa Träume, die den eigenen Schatten zeigen, Aspekte, die mit dem Ich-Ideal nicht zu vereinen sind.

Ein Mann, der viel auf seine Redlichkeit hielt, berichtete von einem Traumbild, das immer einmal wieder auftauchte: »Ich treffe einen Mann, spreche mit ihm, dann sehe ich, dass er gespaltene Ohrläppchen hat – und das macht mich misstrauisch. Ich wende mich meistens ab.« Im Zusammenhang mit den »gespaltenen Ohrläppchen« fiel dann der Ausdruck: Schlitzohr. Im Jung'schen Traumverständnis geht man davon aus, dass im Traum unsere eigenen Vorstellungen mitverwoben sind, die unserem Wesen entsprechen, unseren eigenen Sinn mitbringen. »Die ganze Traumschöpfung ist im Wesentlichen subjektiv und der Traum ist jenes Theater, wo der Träumer Szene, Spieler, Souffleur, Regisseur, Autor, Publikum und Kritiker ist« (Jung, 1928/1985b, § 509). Davon ausgehend favorisiert Jung die *subjektstufige Deutung,* die weitgehend auch von anderen theoretischen Orientierungen übernommen worden ist (vgl. Mertens, 1999). Subjektstufiges Verständnis: Wer immer im Traum auftritt, was immer im Traum dargestellt ist, kann als Aspekt der Persönlichkeit des Träumers oder der Träumerin aufgefasst werden. Der Träumer musste sich also mit seiner schlitzohrigen Seite vertraut machen, der er, wie im Traum, mit großem Misstrauen begegnete, die er aber auch selbst aus großem Misstrauen den Menschen gegenüber entwickelt hatte. Nur: Er projizierte diese Seite auf andere Menschen – doch der Traum kompensierte sein Selbstbild eines so durch und durch redlichen Menschen. Einmal fähig, diese Seite an sich wahrzunehmen, erlebte er sich viel menschlicher, mehr wie alle anderen auch.

Mit den beiden Traumtheorien verbunden ist bei Jung auch die finale Betrachtungsweise des Traums und damit die Orientierung der Träume auf die Zukunft hin. »Bei aller Würdigung der Historie scheint mir der zu schaffende Sinn von größerer Lebensbedeutung, und ich bin der Überzeugung, dass keine Einsicht in das Vergangene und kein noch so starkes Wiedererleben pathogener (krankmachender) Reminiszenzen den Menschen von der Macht der Vergangenheit so befreit wie der Aufbau des Neuen. Ich bin mir dabei sehr wohl bewusst, dass ohne Einsicht ins Vergangene und ohne Integration verloren gegangener wichtiger Erinnerungen etwas Neues und Lebensfähiges gar nicht geschaffen werden kann« (Jung, 1930/1969, § 759).

Beide Theorien weisen darauf hin, dass aus den Träumen emotions- und handlungsleitende neue Ideen aufgenommen werden können, dass sich auch von Imaginationen mitgeprägte Zusammenhänge und neue Perspektiven zeigen oder zumindest bestimmte Situationen vom Traum neu befragt werden können.

### 3.3.4 Genese der Komplexepisoden

In einem Vortrag von 1928 spricht C. G. Jung dann über die Entstehung von Komplexen: »Er [der Komplex] geht offenbar hervor aus dem Zusammenstoß einer Anpassungsforderung mit der besonderen und hinsichtlich der Forderung ungeeigneten Beschaffenheit des Individuums« (Jung, 1928/1950, § 991). Mit dieser Definition wird der Beziehungsaspekt bei der Entstehung des Komplexes ins Zentrum gerückt. Anschließend an diese etwas abstrakte Definition spricht Jung über den Elternkomplex als erster Manifestation des Zusammenstoßes zwischen »der Wirklichkeit und der in dieser Hinsicht ungeeigneten Beschaffenheit des Individuums« (§ 992). Die Anpassungsforderung geht wohl in der Regel immer von Menschen aus, das heißt also, dass in unseren Komplexen strukturell und emotionell die Beziehungsgeschichten unserer Kindheit und unseres späteren Lebens abgebildet sind. Anzufügen wäre, dass dieser Zusammenstoß sich in Situationen ereignet, in denen das Kind Hilfe bräuchte, wo es ein Bindungsangebot bekommen müsste. Komplexe können entstehen, solange der Mensch lebt. Die meisten Komplexe, auch die, die später entwickelt werden, assoziieren sich allerdings mit den früher entstandenen Komplexen.

Wir sprechen heute im Zusammenhang mit der Beschreibung der Komplexentstehung deshalb von Komplexepisoden, weil wir der Ansicht sind, dass Erfahrungen von emotional wichtigen »Zusammenstößen« als Erzählungen von schwierigen Beziehungserfahrungen mit der damit verbundenen Emotion und einem entsprechenden Thema durch das Episodengedächtnis verinnerlicht werden. In diesen Komplexepisoden stehen sich mindestens zwei Menschen gegenüber: ein Kind und eine Beziehungsperson. Ich nenne das die beiden Pole des Komplexes: Kindpol und Erwachsenenpol, meistens der Vaterpol, der Mutterpol oder der Geschwisterpol.

Ein einfaches Beispiel: Der Sohn erinnert sich daran, wie er immer wieder dem Vater gefallen wollte und wie dieser ihm immer wieder zu verstehen gab, er sei eine Enttäuschung. Er erinnert spezifische Episoden, etwa eine, in der er mit Vaters Füllfeder, die er natürlich nicht benutzen durfte, dem Vater einen »Brief« schrieb, der Vater ihn dabei ertappte und eine Flut von Beschimpfungen über ihn ergoss. Emotional, so erinnerte sich der erwachsene Mann in der Identifikation mit dem Kindpol seiner Komplexepisode, war er maßlos enttäuscht, wurde dann wütend und sagte sich: »Warte nur, bis ich groß bin …« Das hatte er auch in seinem Leben bis jetzt intensiv gelebt: in brutaler Rivalität mit seinem Vater im selben Beruf diesen überflügelt und dem Geschäft seines Vaters sehr geschadet.

### 3.3.5 Komplexe und Träume in der therapeutischen Arbeit

C. G. Jung: »… sie [die Komplexe] sind die handelnden Personen unserer Träume« (Jung, 1928/1985a, § 202).

### Die Komplexepisode Scham

In der Scham erleben wir uns im Modus des Gesehenwerdens und des Sehens. Wir sind im Auge der anderen. Wir werden gesehen, wir können aber auch beurteilt werden. Wenn wir uns schämen, nehmen wir an, dass der Andere uns mit einem bösen, kritischen Blick betrachtet, verneint, was wir sind und was wir tun. Unter diesem beschämenden Blick zerbröselt unser Selbstwertgefühl – ein Körpergefühl der Vernichtung. Die Analyse des Blicks von Jean-Paul Sartre ist für das Verständnis der Scham erhellend.

Sartre beschreibt in seiner Biografie »Les Mots«, »Die Wörter« (1964), eine Erfahrung, die bei ihm das Erlebnis der Scham eingebrannt hat. Er erlebte als Kind die Augen der Erwachsenen als sehr aufmerksam auf das Tun des Kindes gerichtet, das Verhalten des Kindes im Auge behaltend, kritisch. Und er fügt an: Auch wenn die Erwachsenen nicht mehr im Raum sind, wenn sie draußen sind, bleiben ihre Augen da. Das Erleben des Knaben Sartre: Er ist immer unter den wachsamen Augen, unter den taxierenden Augen der Erwachsenen, entweder objektiv oder vorgestellt. Das Kind hat diese kritischen Augen so verinnerlicht, dass es ständig unter diesen kritischen Augen, diesen kritischen Blicken, lebt.

Was Sartre hier schildert, ist das Entstehen einer Komplexepisode: Was uns geschehen ist, was uns emotional betroffen hat, haben wir verinnerlicht. Die Beziehungsepisode mit der entsprechenden Emotion zwischen denen, die beschämen, und dem, der beschämt wird, kann auch als überkritisches Selbstgespräch verstanden werden. Unter diesen kritischen Blicken (äußerlich oder innerlich), so Sartre, zerbröselt das Selbstwertgefühl. Dieses muss dann wiederhergestellt werden. Man kann etwa versuchen, außerordentlich perfekt zu sein, damit niemand etwas sehen kann, was nicht perfekt wäre. Man kann sich vor diesen Augen verstecken und hoffen, nicht erspäht zu werden von den Augen der anderen – oder aber man wird ärgerlich und kämpft im besten Fall, im schlechteren Fall wird man destruktiv. Sartre hat das Problem so gelöst, dass er erklärte, die Augen der anderen gingen ihn nichts an; was andere von ihm dächten, betreffe ihn nicht, das setze er außer Kraft. Diese Argumentation entwertet aber die Beziehung, sie zeigt, wie er versuchte, diese Komplexepisode außer Kraft zu setzen – allerdings um einen hohen Preis.

In diesem Zusammenhang kann man aber auch die »freundlichen Augen« von Emmanuel Levinas (2003) mitbedenken. Levinas, ein litauisch-französischer Philosoph, Zeitgenosse von Sartre, machte geltend, dass wir doch oft auch von freundlichen Augen angesehen werden – und dass wir uns in diesen Situationen akzeptiert, wertgeschätzt fühlen. Der Blick aus freundlichen Augen – und die verinnerlichten freundlichen Augen auch im Umgang mit uns selbst – sind eigentlich das Heilmittel gegen den beschämenden Blick. Und dennoch: Wir können uns auch dann schämen, wenn Menschen uns freundlich ansehen, dann nämlich, wenn wir auch unter dem freundlichen Blick des Anderen spüren, dass wir in irgendeiner Weise über unsere Grenzen oder die Grenzen anderer Menschen gegangen sind. Die Scham zeigt uns dann unsere Schranken auf, die auch oft die Schranken der Gemeinschaft sind, in der wir leben. Es gibt nicht nur die kritischen Augen, es gibt auch freundliche Augen – wir selbst können uns böse-kritisch anschauen, wir können aber auch lernen, uns mit freundlich-kritischen Blicken zu konfrontieren. Natürlich stellt sich auch hier die Frage, ob man als Kind freundlich und kritisch angeschaut worden ist, nur kritisch oder nur freundlich, man wird das eine oder das andere lernen müssen oder können (Levinas, 2003).

## Komplexepisode und Narrativ

Die dysfunktionalen Beziehungserfahrungen, die Komplexepisoden generieren, sind auch in Narrativen zugänglich, verbunden mit den Emotionen, die in der schwierigen Episode erlebt wurden. Die erlebten Emotionen befördern die Geschichten, die Emotionen werden also versprachlicht oder bebildert. Meistens findet man ein »Grundnarrativ«, das von den Analysanden als Beleg für eine Komplexepisode und damit oft auch für eine Hemmung angegeben wird, die eine Geschichte von früher, die aber immer weiter angereichert werden kann.

Die Narrative, die erzählt werden, betreffen Erfahrungen, die wiederholt in einer ähnlichen emotionalen Tönung um das jeweils »gleiche« Thema gemacht wurden und mit dem episodischen Gedächtnis verinnerlicht worden sind. Vielleicht ist die erzählte Geschichte eine »generalisierte« Geschichte (Kast, 1998, S. 307), die sich so nie ereignet hat, aber die Grunderfahrung psychologisch besonders stimmig zusammenfasst und abbildet. Da die ganze Komplexepisode mit dem episodischen Gedächtnis verinnerlicht worden ist, heißt das, dass die Beziehung zwischen dem Kind und dem Angreifer oder der Angreiferin verinnerlicht worden ist, aber auch, dass man sich mit beiden Gestalten identifizieren kann. Die Geschichten werden zunächst allerdings aus der Perspektive des Kindes, also auch des Opfers, erzählt. Und wer von einer Komplexepisode geprägt ist, ist zunächst davon überzeugt, dass »alle« Menschen einen so attackieren, wie man damals von den Gestalten, die die Komplexepisode gesetzt haben, attackiert worden ist. Das wird zum Beispiel in Selbstgesprächen deutlich, die oft Gespräche zwischen dem »alten Angreifer« und dem »alten Opfer« sind.

Wir können aber auch identifiziert sein mit dem Angreiferpart und Menschen im Alltag aus dieser Position heraus angreifen. Diese Situationen wahrzunehmen, sich darüber bewusst zu werden, ist sehr wichtig für die Arbeit an der Komplexepisode: Gelegentlich sind wir überzeugt davon, in der Rolle eines Opfers zu sein, »wie schon immer«; unbewusst sind wir aber auch identifiziert mit dem Angreifer und behandeln unsere Mitmenschen ähnlich, wie wir selbst uns behandelt gefühlt haben in den Erfahrungen, die jenen Komplex verursacht haben.

## Komplexepisode, Narrativ und der Traum

Was uns emotional am meisten beschäftigt, zeigt sich auch in den Träumen und in den Imaginationen. Da der präfrontale Kortex, während wir träumen, »schläft«, können sich die Emotionen freier ausdrücken als im Wachen. Angetriggert werden das episodische, das autobiografische und auch das semantische Gedächtnis, sie verbinden sich im Traum in oft ungewohnter Form. Hartmann (2011) meint, dass die Träume mit dem Material unserer Gedächtnissysteme spielen und so neue Verbindungen herstellen. Träume wiederholen nicht einfach, sie setzen neu zusammen, sind kreativ. Der Traum stellt den Konflikt oder das Problem in ein verändertes Szenario, in einen überraschenden, neuen, erweiterten Kontext und generiert so emotional betonte Fragen an die Träumerin oder den Träumer. Wir wissen: Komplexe mit ihren Emotionen generieren Träume, Träume »arbeiten« an den Komplexen.

## Veränderung der Komplexepisode durch den Traum

Einer 28-jährigen Frau wird in ihrer Firma angeboten, mehr Verantwortung zu übernehmen, aufzusteigen, einem größeren Team vorzustehen.

Sie meint, das nicht zu können, denn sie hat Angst, vor einem größeren Team zu sprechen. Sie könne das nicht, ist sie überzeugt. Das bringt sie in einen Konflikt: Eigentlich möchte sie schon aufsteigen, aber sie traut es sich nicht zu, es gehe auf gar keinen Fall. Die Frau findet aufgrund eines Traums ein dieser Komplexepisode zugrunde liegendes Narrativ. Die Träumerin erzählt den Traum so, dass sie sich noch einmal in den Traum, in die Bilder und in die damit verbundenen Emotionen vertiefen kann (aus Kast, 2019, S. 24f.)

Der Traum: »Ich soll vor meinem Team sprechen. Ich bin in dem Raum, in dem wir uns zu Gesprächen in der Realität treffen. Der Raum ist aber größer. Ich habe ein Mikrofon, und ich spreche nicht, ich singe. Da tönt es von irgendwoher: Hört auf mit diesem Scheißlärm! Ich erschrecke, bin wütend, aber fühle mich auch ohnmächtig. Meine Kolleginnen und Kollegen schauen sich um, kommen näher zu mir und bitten mich, weiterzusingen. Der Traum verliert sich, aber es war ein sehr gutes Gefühl, und die Stimmen, die ›Scheißlärm‹ sagten, verschwanden. Ich hatte das Gefühl, gewonnen zu haben, zusammen mit den anderen.«

Die Träumerin wundert sich, dass sie singt; sie hat einen sehr nüchternen Beruf, so meint sie; sie würde nie vor einem Team in der Arbeit singen. Es fühlte sich aber gut an. Schrecklich, als diese Stimmen im Hintergrund störten, wunderbar, als ihre Teammitglieder sich um sie scharten und ihr zu verstehen gaben, dass sie ihren Gesang gut fanden. Sie stellt sich vor, dass die Kolleginnen und Kollegen mitsingen – sie arbeitet also unwillkürlich imaginativ an ihrem Traum. Das würde sich noch besser anfühlen. Geschützt und akzeptiert fühlt sie sich in diesem Traum. Woher kommt der Ausdruck »Scheißlärm«?

Ihr Vater hat vieles als »Scheißlärm« bezeichnet, zum Beispiel alle moderne Musik, Jazz zum Beispiel. Hat sie das emotional betroffen? Nicht wirklich – aber … Und dann erinnert sich die Träumerin daran, dass einmal – sie war vielleicht 13 – ihr Lehrer ihr gesagt hat, dass sie eine sehr schöne Stimme habe. So stellte sie sich abends ans Fenster ihres Zimmers und sang laut und »schön«, wie sie meinte. Der Vater kam vorbei und herrschte sie an, sie solle mit ihrem »Scheißlärm«

aufhören, man müsse sich ja schämen mit ihr. Seither, so meint sie, könne sie nicht mehr vor anderen Menschen »auftreten«. Eine Komplexepisode, eine Situation, die sich wahrscheinlich auf verschiedene Art wiederholt hat, sodass sie gelernt hat, keinen »Scheißlärm« zu machen oder auch ängstlich darauf bedacht ist, keinen »Scheiß« zu erzählen, das heißt, nicht so zu reden, dass die anderen sie verachten. Sie ist extrem selbstkritisch: Diese Vaterstimme ist verinnerlicht und im Selbstgespräch erlebbar.

Im Traum wird nun aber nicht einfach diese Komplexepisode aus der Kindheit wiederholt, sondern er hat sie verändert. »Damals« gab es offenbar keine Helferinnen und Helfer, die das Mädchen hätten unterstützen können gegen die Ansicht des Vaters – jetzt im Traum aber schon. Dadurch ist die Befürchtung, die anderen könnten über sie lachen, verschwunden – und mit der Imagination stellt sich auch ein »Wir-Gefühl« ein. Mit den anderen zusammen – nicht den anderen ausgeliefert, sondern mit denen, die sie bitten, weiterzusingen. Das waren wichtige Anstöße für sie. Nicht die Furcht, ausgelacht zu werden, sondern das gute Gefühl, sich mit anderen zusammentun und dadurch zu ihrem Eigenen stehen zu können. Nicht mehr der kritische Blick, der auf Mitmenschen projiziert wird, sondern der freundliche Blick. Nicht in die Einsamkeit gestoßen zu werden durch die Kritik, sondern das solidarische Zusammenstehen. Immer wieder stellte sich die Träumerin den Traum vor: in Arbeitssituationen, in denen sie misstrauisch wurde, sich fragte, ob ihre Mitarbeiterinnen und Mitarbeiter jetzt wirklich kritisch waren. Sie verstand ihr Singen auch als eine Form des Sichexponierens – und sie wagte es, in solchen Situationen ihre Unsicherheit anzusprechen, indem sie das sie beunruhigende Thema diskutierte und nicht mehr einfach davon ausging, dass ihre Mitarbeitenden sie als Person infrage stellten, kritisch waren. Sie lernte, dass im Zusammenwirken mit anderen sie als Team sehr gute Leistungen brachten, vor allem aber auch, dass sie nicht perfekt sein musste. Dieser Traum war einer der Träume, der sie lange begleitete und eine Veränderung in ihrem sozialen Verhalten bewirkte.

Natürlich kann man sich fragen, was es denn bewirkt hat, dass Helfer und Helferinnen im Traum auftraten, dass sie helfende Gestalten in der eigenen Psyche wahrnehmen konnte. Das ist in der Regel die Folge des Erlebens von auch zuverlässigen Beziehungen, sei das durch eine gute therapeutische Beziehung, aber auch durch vertrauensvolle Beziehungen zu Menschen im Alltag.

Stark betonte Komplexe bewirken, dass Menschen zunächst im Sinne des Komplexes grübeln, ruminieren, wie schon erwähnt. Träume können diese Komplexepisoden aber auch in einen leicht veränderten Zusammenhang stellen und sie auflockern und abmildern, vorausgesetzt, die entsprechenden leicht veränderten Emotionen und Bilder werden aufgenommen und fallen nicht dem Denken in alten Gleisen, die dem ursprünglichen Komplex entsprechen, zum Opfer.

# 4 Albträume

Unter Albträumen verstehe ich Träume, aus denen man mit großer Angst, ja Panik plötzlich erwacht (Kast, 2006). Dieses plötzliche Aufwachen ist mit großer Erregung verbunden, eventuell auch mit einer Schwierigkeit, sich zu orientieren. »Nightmares« werden unterschieden von den posttraumatischen Wiederholungsträumen, den »Nightterrors«.

Starker hat bereits 1974 vorgeschlagen, Albträume durch Imaginationen zu verändern, und er hat nachgewiesen, dass der Stil der Nachtträume durch die Arbeit mit Imaginationen verändert wird. Das ist eine Methode, wie sie auch in der Jung'schen Psychologie angewendet wird, es ist ein kreatives Arbeiten an den Träumen (Daniel, 2013; Kast, 2006).

Neuerdings macht eine Therapie im Umgang mit Albträumen von sich reden, die »Imagery Rehearsal Therapy« (Retzbach, 2019; Gieselmann et al., 2017). Die Methode ist aber im Grunde dieselbe wie die oben genannte: Man versetzt sich wieder in den Albtraum, dann überlegt man sich, wie der Traum abgewandelt werden kann, wie – ausgehend davon – eine neue Geschichte erzählt werden kann, sodass er ein besseres Ende nimmt. Den veränderten, »umgeschriebenen Traum« (Retzbach, 2019, S. 68) soll man sich jeden Tag intensiv vorstellen, zwei Wochen lang.

## 4.1 Am Albtraum mit Imaginationen arbeiten

Eine Frau, 56 Jahre, hat nach einer Krebserkrankung gute Blutwerte und braucht aktuell keine weitere Therapie. Eigentlich ist sie »stabil«, wie ihr die Ärzte sagen. Sie leidet aber neuerdings unter Albträumen und sucht deshalb Psychotherapie auf. Eigentlich sind es gar keine wirklichen Träume, meint sie, sondern es seien »Traumfetzen«, aus denen sie schweißgebadet hochschrecke.

Ein Beispiel für einen Albtraum: »Ich bin in einem ganz engen Raum, er ist aus Holz, ich will diesen engen Raum, der mir Atemnot macht, verlassen – aber er hat keine Türen. Da beginne ich zu schreien, aber wahrscheinlich kann mich niemand hören. Dann schrecke ich eben auf, schweißgebadet, kann nicht mehr einschlafen, und ich denke, dass das meinem Immunsystem schadet, dann habe ich noch mehr Angst.«

Ich informiere die Patientin, dass man mit eigenen Vorstellungen an den Albträumen arbeiten kann, dass sie sich dadurch verändern. Ich sage ihr auch, dass ich ihr dabei behilflich sein werde, die Bilder zu verändern, dass es natürlich wünschenswert sei, wenn wir ihre eigenen veränderten Bilder benützen könnten, dass ich aber auch eingreifen würde, wenn ihre Angst zu groß werden sollte.

Beim Arbeiten mit Imaginationen und Träumen in der Therapie haben der Therapeut oder die Therapeutin mit ihren eigenen Bildern immer einen großen Einfluss. Es geht dabei nicht nur um Übertragung und Gegenübertragung, sondern auch um Gefühlsansteckung oder um eine Ansteckung auf der Ebene der Bilder, auf der Ebene der Imagination. Bei der Arbeit an Albträumen ist aber die hilfsbereite Anwesenheit des Therapeuten oder der Therapeutin besonders wichtig: Menschen haben nun einmal weniger Angst, wenn sie zu zweit sind. Das gilt auch für die Veränderung der Albträume. Die Veränderung am Albtraum gelingt oft dadurch, dass soziale Unterstützung auch in die Traumimagination hereingeholt werden kann; dadurch mindert sich die Angst.

Ich bitte also die Patientin, sich ihren Albtraum noch einmal imaginativ in Bildern und mit den damit verbundenen Gefühlen vorzustellen, und ich informiere sie, dass ich mir zugleich ihren Traum ebenfalls – so gut es mir möglich sei – vorstelle, dass ich dazu aber auch Fragen stellen müsse. Sie ist einverstanden. »Ein kleiner Raum, aus Holz, so hoch, dass ich stehen kann, etwa einen Meter breit und einen Meter lang. Ich bin ja zum Glück dünn – das geht. Da drin zu sein ist nicht so schlimm, aber drinbleiben, das ist unerträglich.«

Ich gebe ihr zu verstehen, dass ich das gut nachfühlen kann, und frage nach: »Gibt es keine Öffnung?« – »Nein, keine Tür, keine Fenster.« – »Wie fühlt sich das im Körper an«? – »Grässlich; im Traum dachte ich, ich werde gleich sterben, habe überhaupt keine Luft mehr. Jetzt, während ich mir das vorstelle, atme ich tief. Es gibt Luft, aber nicht viel.« Auf meine Frage, ob es dunkel sei, weiß sie zunächst keine Antwort. Nein, dunkel sei es ihr nicht vorgekommen, sonst hätte sie ja noch viel mehr Angst gehabt. Sonderbar: Von irgendwo sei da ein Licht hergekommen.

Wir einigen uns darauf, dass wir den Imaginationsmodus verlassen und etwas aus der Distanz wahrnehmen wollen, wie sich der Albtraum anfühlt und wie sich die Bilder oder das Gefühl eventuell verändert haben. Die Patientin: »Das ist natürlich ein Sarg. Und natürlich kommt man da nicht mehr heraus, wenn man einmal drin ist. Es ist aber auch nicht ein Sarg, es ist einfach ein furchtbar enger Raum – und ich konnte doch etwas atmen. Das hat körperlich gutgetan. Meine Albträume sind alle so körperliche Träume – mein Körper hat Angst. Als ich geatmet habe, hatte ich gleich weniger Angst. Woher kommt bloß das Licht?« – »Ja, woher?« – »Meine Großeltern hatten ein Holzhaus, da gab es beim Klohäuschen – das war auch aus Holz – ein Astloch. Aber man konnte nicht hineinsehen, es war zu hoch oben.«

Ich entschließe mich, der Imagination der Patientin zu folgen: der Erinnerung an das Holzhaus der Großeltern. »Was war denn interessant bei den Großeltern?« Und jetzt erzählt sie von wilden Spielen mit den Landkindern, aber auch von diesem Klo, das beängstigend war: Es war außerhalb des Hauses, man wollte nachts möglichst nicht dahin müssen. Und wenn man trotzdem dahin musste? »Ich nahm meine

Schwester mit – und ich musste auch sie begleiten, wenn sie musste.«
Dieses Gespräch entängstigt die Patientin spürbar. Ich frage sie, ob
etwas aus diesen Erinnerungen dazu taugen könnte, den Albtraum
etwas weniger beängstigend zu machen. »Das Astloch, natürlich, da
kommt das Licht her. Die Schwester, die könnte das Astloch vergrö-
ßern und mir eine Säge hereinreichen.« Auf meine Frage, ob das alles
imaginativ zu bewerkstelligen sei, sagt sie, das gehe schon. Und nach
einiger Zeit: »Die Schwester sägt von außen, ich von innen – irgendwie geht das. Das ist gut, ich kann heraussteigen.« – »Und wie fühlt
es sich an?« – »Anstrengend, sehr anstrengend.«

Es folgt wiederum eine Phase der Reflexion. »Die Schwester
müsste natürlich wissen, dass ich in so einem Klo-Sarg eingeschlos-
sen bin, die würde schon helfen, die ist einfallsreich.«

Die Sitzung ist zu Ende. Ich bitte die Patientin, sich das Astloch
und die Lösung im Traum mit der Öffnung und der Verbindung mit der
Schwester immer wieder vorzustellen, aber auch, Erinnerungen an die
Spiele der Kindheit bei den Großeltern sich lebendig auszumalen. Mir
ist wichtig, dass nicht nur eine, wenn auch vorübergehende, bessere
Lösung für den Albtraum vorgestellt wird, sondern dass auch Vorstel-
lungen, die nicht von Angst geprägt sind, sondern von Freude, von
Explorationslust zugelassen und intensiviert werden.

In die nächste Sitzung kommt die Patientin sehr viel ruhiger. Kein
Albtraum. Wir arbeiten weiter am »alten« Albtraum. Die Schwester
war in dem Albtraum hilfreich. Die Schwester darf durch das Astloch
schauen, sie darf etwas sehen, was nicht für alle Augen ist, denkt
man an die Verbindung mit dem Klohäuschen der Kindheit. Träume
generieren ja immer auch Fragen. Was darf die Schwester sehen, was
andere nicht sehen dürfen? Was soll sie vielleicht sogar sehen, damit
eine Öffnung entstehen kann? Der Träumerin fällt ein: »Mir ist ja der
Sarg eingefallen. Ich habe immer noch sehr große Angst, plötzlich zu
sterben. Von dieser Angst spreche ich nicht mehr – es gibt ja keinen
Grund mehr, sie zu haben. Aber der Traum zeigt mir, dass ich sie noch
habe – und wie! Am ehesten könnte ich mit meiner Schwester darüber
sprechen. So ein wenig, wenigstens …«

Der Hintergrund dieses Albtraums: Todesangst, die die Träumerin mit niemandem mehr zu teilen wagt, weil sie meint, es gebe keine Ursache mehr für dieses Gefühl. Sie spricht mit mir über die Todesangst, aber auch über die Angst, nicht mehr wirklich lebendig zu sein, weil sie ständig an die Bedrohung denkt, sich Gedanken darüber macht, was alles ihrer Gesundheit schaden könnte. Das Sprechen über die Angst entspannt sie. Und sie entschließt sich, mit ihrer Schwester über diese Angst zu sprechen, diese Angst der Schwester zuzumuten. Die Imaginationen mit der Freude hätten ihr gezeigt, dass es noch ein Leben mit vielen Blumen gebe könne. Ein spontanes Bild, eine spontane Vorstellung taucht auf: Der kleine Raum aus Holz, unterdessen mit zwei Öffnungen, steht in einer Wiese, auf der einen Seite ist es Frühling, auf der anderen Seite Herbst.

## 4.2 Emotionsansteckung

Grundsätzlich können wir uns von den Emotionen unseres Gegenübers anstecken lassen. So kann eine hochschießende Angst im hohen Maße ansteckend sein, in anderen Menschen auch große Angst wecken und letztlich auch zu einer Panik führen. Gelingt es, diese Emotionen in Bilder zu übersetzen, können diese Vorstellungen wahrgenommen und reflektiert, verstanden werden. Dadurch ist man von der Emotionsansteckung befreit. Wir kennen das aus der Handhabung der Gegenübertragung: Wir spüren in einer bestimmten analytischen Situation etwa einen Ärger bei unseren Analysanden, den wir nicht so richtig verstehen, konzentrieren uns darauf und entwickeln zum Beispiel ein Bild von einem gescholtenen Knaben, der trotzt. Der Analysand verhält sich aber ganz höflich. Bringt man nun dieses Gegenübertragungsbild des unglücklichen Knaben ins Gespräch, kann der verdrängte Ärger und damit die Störung in der Beziehung, die ihn ausgelöst hat, angesprochen werden, die Beziehung kann geklärt werden.

Da in den Albträumen große Ängste erlebbar sind, ist auch die Gefahr der Emotionsansteckung groß. Die Gefahr, die Emotion abzuwehren, indem man auch den Traum abwehrt, etwa, indem man sich sagt, dass es einen solchen Traum gar nicht geben könne, dass die Träumerin oder der Träumer sicher übertreibe, ist groß. Wenn es gelingt, sich der Emotion zu stellen und damit verbundene Vorstellungen zuzulassen, entgeht man dieser Gefahr und hat auch schon einen Hinweis darauf, welche unterschwelligen Probleme mit dem Albtraum verbunden sein können.

Ein 18-Jähriger berichtet von einem Albtraum: »Ich bin in einer großen Welle, ich bin ein Surfer. Aber ich stehe nicht mehr auf dem Brett, die Welle wirbelt mich herum, ich weiß nicht, wo oben und unten ist, ich kämpfe aber wohl vergeblich – wenn die Welle mich ans Ufer wirft, dann kann ich das nicht überleben – aber bevor die Welle am Ufer ist, wache ich keuchend auf. Ganz außer Atem, erschöpft – ich habe Todesangst.«

Die Todesangst des Träumers teilt sich mir unmittelbar vor allem körperlich mit – auch ich bin in dieser Emotion und in den entsprechenden Bildern gefangen –, vor allem verbunden mit der Idee, dass ich keinen Boden mehr unter die Füße bekomme, und wenn, dass es sehr hart werden könnte. Für mich die Aufforderung: wieder Boden unter den Füßen zu bekommen in dieser Situation. Ich richte mich in meinem Stuhl auf und atme betont ruhig. Und dann kann ich mich dem Träumer zuwenden, der sich durch meinen Umgang mit der Gefühlsansteckung offenbar auch etwas beruhigt hat: Gefühlsansteckung ereignet sich ja in beiden Richtungen.

»Es ist deutlich, dass dieser junge Mann in einer Situation großer Turbulenzen steckt, dass es darum geht, wieder Boden unter den Füßen zu bekommen – dafür ist er ja in der Therapie. Dieser Albtraum gibt, wie viele Albträume, einen Hinweis, wo man ansetzen kann, um ihn zu verändern. Der Träumer ist aufgewacht, bevor er ans Ufer geschmettert wurde. Meine Frage: »Wann sind Sie aufgewacht?« Mit dieser Frage bringe ich ihn dazu, sich noch einmal mit den Angstbildern des Traums zu konfrontieren, aber auch mit der Lösung: Aufzuwachen ist eine erste Lösung, es ist die Aufforderung,

aufzuwachen, hinzuschauen. Aufgewacht ist er »gerade noch recht-
zeitig«, sagt er, da waren schon noch ein paar Meter, ehe es ihn zer-
schmettert hätte. Also aufwachen! Das Gespräch führt uns dann zu
einigen wagemutigen Entschlüssen, die er getroffen hat und denen
er sich nicht mehr gewachsen fühlt. Also aufwachen, hinsehen – es
ist gefährlich. In dieser Situation geht es nicht primär darum, den
Albtraum zu verändern, sondern die Entsprechung in seiner aktuellen
Lebenssituation zu erkennen und ihm zu helfen, wieder Boden unter
den Füßen zu bekommen.

# 5 Das Zusammenspiel von Imagination und Traum

Wie sehr Imagination und Traum zusammenspielen können, zeigt sich vor allem im Initialtraum, also im Traum, der zu Beginn einer therapeutischen Beziehung geträumt wird. C. G. Jung bekräftigte in einem Brief an einen befreundeten Analytiker, der sich fragte, ob die Träume einer Patientin von ihm, dem Analytiker, mitverursacht seien, dessen Sicht und schrieb: »Im tiefsten Sinne träumen wir alle nicht aus uns, sondern aus dem, was zwischen uns und dem andern liegt« (Jung, 1934/1972, S. 223).

Wir Menschen stehen in vielfältigen Beziehungen: zu anderen Menschen, zur Welt, zur Vergangenheit, zur Zukunft. Wir Menschen brauchen dringend Bindungen und Geborgenheit, wir wollen aber auch ausgreifen in die Welt, Neues erkunden – und dies oft auch in Beziehung zu anderen Menschen, auch mit anderen Menschen zusammen. Unsere Träume können gar nicht anders als auch in diese anthropologische Konstante eingepasst sein: Träume können auch unter der Perspektive der Beziehungen wahrgenommen und verstanden werden. Beziehungen beschäftigen uns Menschen zentral, darüber sind sich die Theorien zum Gedankenwandern wie zum Träumen einig. Natürlich sagen Träume etwas über die therapeutische Beziehung aus, auch über Übertragung und Gegenübertragung. Wird mit Träumen und Imaginationen in therapeutischen Prozessen gearbeitet, so ist immer der Analytiker, die Analytikerin mitbeteiligt, mit den eigenen Vorstellungen und Emotionen, aber natürlich auch mit dem eigenen Verständnis dieser Prozesse (Ermann, 2014). Von diesen Träumen gehen wichtige Hinweise für den therapeutischen Prozess aus.

Träume entstehen zwischen den Menschen, sie werden verstanden in der gemeinsamen Visualisierung des Traums, aber auch im gemeinsamen Gespräch über die Träume; gelegentlich werden Emotionen im gemeinsamen Gespräch verstärkt, das kreative Potenzial kann aufscheinen. Wir träumen aus dem, was »zwischen uns und dem anderen liegt«, wir träumen aus den Fantasien über die jeweiligen Beziehungen heraus. Wir verstehen die Träume aber auch aus den Beziehungen heraus: aus der Beziehung zum Träumenden natürlich, aber weit darüber hinaus aus all den Beziehungen, die wir zu Menschen, aber auch zur Kultur, zur Welt im Ganzen haben. Gehen wir davon aus, dass Emotionen und Gefühle unser Traumgeschehen anregen und in Gang halten, so gehen wir zugleich davon aus, dass Emotionen und Gefühle aus den Beziehungserfahrungen stammen, die uns emotional berühren; manchmal werden diese etwas abgewandelt im Traum abgebildet, manchmal sind auch eher Beziehungssehnsüchte dargestellt, manchmal werden Wege aufgezeichnet, die durch Beziehungen neu möglich werden.

## 5.1 Initialträume

Eine überraschend deutliche Verbindung von Vorstellungen über die Bedeutung der therapeutischen Beziehung, über die Wünsche des Analysanden an die therapeutische Beziehung ist in den Initialträumen sichtbar – und ebenso die imaginative Antwort des Therapeuten oder der Therapeutin darauf.

Initialträume, Träume, die zu Beginn einer Psychotherapie geträumt werden, gelegentlich auch bereits vor dem ersten Zusammentreffen mit dem Therapeuten, hatten für Jung eine große Bedeutung, weil er in ihnen nicht nur Hinweise auf Verlorenes im Leben fand, das man wiederfinden müsste, nicht nur die Gründe für die psychischen Schwierigkeiten, sondern auch Ahnungen, wie die Entwicklung weitergehen könnte, »Witterungen für Möglichkeiten« also (Jung, 1929/1971a, § 125). An drei Initialträumen derselben Patientin, geträumt bei drei verschiedenen Ärzten, illustrierte Jung 1931, dass der Initialtraum sich auch auf die unbewusste Einstellung und damit auf die erhoffte, erwartete, erahnte Beziehung zum jeweiligen Arzt beziehen kann (Jung, 1929/1971b, § 307 ff.). Jung spricht dann auch davon, dass Initialträume »erstaunlich durchsichtig und klar geformt« (§ 313) seien, im Gegensatz zu späteren Träumen im therapeutischen Prozess, in denen sie sehr undurchsichtig werden können. Ähnlich wie in den ersten Analysestunden in einer verdichteten Form sich die Existenz eines Menschen uns mitteilt, stecken auch im Initialtraum viele Hinweise, auf Vergangenes, Vergessenes, aber auch auf Zukünftiges, gerade auch im Blick auf Beziehungen.

Diese Initialträume beleuchten die aktuellen Probleme, aber auch mögliche Ressourcen; sie sind retrospektiv, aber auch prospektiv; der finale Aspekt, die Frage, wohin sich ein Mensch entwickeln könnte, aber auch welche Probleme sich in der Therapie ereignen können, kann erahnt werden. Besonders interessant sind dabei Träume, die in sich eine Bewegung ankündigen, die Hinweise darauf enthalten, wohin sich ein Leben, das wohl vorübergehend etwas zum Stillstand gekommen ist, wieder bewegen könnte. Es gibt aber auch Initialträume, die kaum Lösungen zeigen, bei denen man zwar ein aktuelles Problem mit einem biografischen Problem verknüpfen kann, wo aber weder Ressourcen noch mögliche Zielrichtungen auszumachen sind. Besonders deutlich wird das bei niederstrukturierten Träumen.

Der Initialtraum oder die Initialträume können einen Einfluss auf die Indikation zur Therapie haben, können dem Therapeuten, der Therapeutin entscheidend bei der Frage helfen, ob zum Beispiel eher eine tiefenpsychologisch orientierte Psychotherapie oder eine Analyse im Sinne eines Individuationsprozesses für angemessen gehalten wird.

Diese Initialträume werden auch daraufhin befragt, welche Wünsche an die Therapie oder an die Therapeutin, den Therapeuten in ihnen verborgen sind, welche Beziehungsmuster sich zeigen, ob ein bestimmtes archetypisches Feld konstelliert ist.

Ihre ganz besondere Bedeutung gewinnen diese Initialträume dadurch, dass sich beim Analytiker oder der Analytikerin eine Gegenübertragung einstellt: Es geht um die emotionale Reaktion auf den jeweiligen Traum, und die ist in der Regel eindrücklich. Der Initialtraum interessiert, fasziniert, oder er ängstigt, stößt ab, oder er lässt gar gleichgültig. Die Art, wie die Analytikerin von diesem präsentierten Material beeindruckt, wie sie in ihrer eigenen symbolischen Welt angesprochen ist, bestimmt die Perspektive, aus der heraus der Initialtraum gesehen und verstanden wird. Es geht aber nicht nur um den Initialtraum, es geht auch um eine mehr oder weniger unbewusste Antwort auf ein grundsätzliches Beziehungsangebot, das der Analysand macht. Das ist nicht etwa ein Fehler, sondern sehr sinnvoll: Die therapeutische Arbeit wird auch ein Gemeinschaftswerk sein. Die Reaktion auf den Initialtraum entspricht einer globalen Gegenübertragung auf den Analysanden und drückt aus, in welchem gemeinsamen psychischen Feld die Arbeit sich ereignen wird, ob man überhaupt miteinander arbeiten will.

Das gilt auch für die Initialträume, wo man den Analytiker oder die Analytikerin noch nicht kennt, dafür umso mehr Vorstellungen über ihn oder sie hat. Das ist auch sehr geheimnisvoll. Der Initialtraum lebt von den Fantasien, die der Analysand oder die Analysandin über den Analytiker, die Analytikerin, aber auch über die Analyse hat, und er wird beantwortet von den Vorstellungen, die sich der Analytiker über diesen ersten Traum oder über die ersten Träume macht. Es ist weitgehend ein Werk von Vorstellungen, und natürlich ist es interessant für den Analytiker zu wissen, welche Vorstellungen emotional beantwortet werden, welche im luftleeren Raum bleiben, wie weit und worauf eine Resonanz möglich ist.

Ein Beispiel für einen Initialtraum (aus: Kast, 2016, S. 222): Eine 38-jährige Frau sucht therapeutische Hilfe, weil sie sich depressiv fühlt. Sie träumt in der Nacht vor der ersten Sitzung: »Um ein Problem zu lösen, muss man in die Wüste gehen. Ich bin am Rand der Wüste und beginne zu gehen. Da fällt mir ein, dass ich nicht gut ausgerüstet bin: Vor allem Wasser fehlt. Ich gehe zurück, treffe einen hochrangigen Offizier und sage ihm, ich würde in die Wüste gehen, er möge dafür sorgen, dass ich Nachschub an Wasser bekomme. Seine Antwort warte ich nicht ab. Ich gehe also in die Wüste. Plötzlich geht neben mir eine ältere Frau, die mich nicht anspricht. Sie scheint mir etwas kritisch zu sein. Sie fragt: Haben Sie denn wenigstens eine Wasserflasche? Plötzlich sind wir an einem Brunnen in der Wüste, da sind Kamele, ein Wassersack – die Frau sitzt am Boden und schaut, ob ich Wasser schöpfen kann.«

Die Analysandin beschrieb ihren Traum, das mühsame Gehen, zum Glück habe sie den hochrangigen Offizier noch benachrichtigt, wenn auch seine Antwort nicht abgewartet. In der Traumerzählung wurde die Mühsal des Gehens zwar deutlich, sie war aber rasch beim Brunnen. Ein Brunnen in der Wüste ist für mich persönlich ein Symbol, das mir sehr wichtig ist. Ich sprang emotional hier sofort an, Vorstellungen von realen Situationen an Brunnen in der Wüste mit den damit verbundenen Emotionen von großer Dankbarkeit, aber auch der Verwunderung, dass es so etwas gibt, waren bei mir sehr lebendig. Ich rief mich zur Ordnung und hörte weiter zu. Die Analysandin deutete an, die Frau könnte ich gewesen sein – das verstand ich auch so –, und ich verstand auch, dass sie erwartete, dass ich sie begleite und wichtige Fragen stelle. Als etwas kritisch wahrgenommen zu werden, nahm ich einfach einmal so hin. Mich sprach der Initialtraum an. Ich wusste zwar, dass wir zunächst eine schwierige Situation haben würden: Das Wasser fehlte, das Leben war kaum »im Fluss«, wenig Dynamik in der depressiven Verstimmung dieser Frau, ein Leben in einer Wüste – im Moment. Ich sah den Traum aber auch als Hinweis, dass es möglich war, den Brunnen in der Wüste zu finden, sich an die Lebendigkeit wieder anzuschließen.

In einer Intervisionsgruppe, in der wir über Initialträume sprachen, machten mich die Kolleginnen und Kollegen darauf aufmerksam, was ich alles ausgeblendet hatte: die Anspruchshaltung der Analysandin, dargestellt im hochrangigen Offizier, der ihr zu Diensten sein sollte, einfach so, ohne abzuwarten, wie, wo und wann der Nachschub zu geschehen habe; der sollte halt sehen, wie er den Nachschub organisieren konnte. Ich hatte diese Gestalt als intrapsychische Möglichkeit der Analysandin gesehen, die aber ebenso mögliche Perspektive der Kollegen, sie als Übertragung zu sehen, als Wunsch oder Forderung an mich, ausgeblendet. Und das ist etwas, was sehr oft im Verständnis von Initialträumen geschieht: Ein bestimmtes Beziehungsangebot wird angenommen, auch ein Auftrag, der damit verbunden ist, und was nicht passt, wird ausgeblendet. Dabei werden bestimmte Vorstellungen intensiviert, andere entkräftet. Der Brunnen in der Wüste wurde von mir deutlich emotional markiert – auch wenn ich nichts sagte –, die Träumerin hat die Emotion bestimmt mitbekommen. Die Frage, ob sie Wasser schöpfen könne, blieb keine Frage, sondern Gewissheit; andere Bilder, wie etwa die möglicherweise fehlende Wasserflasche, ein wichtiges Utensil, damit Wasser auch gefasst werden, damit Belebendes in der Beziehung auch »mitgenommen«, aufbewahrt werden kann für »trockenere Zeiten«, waren weder als Bild noch in der Bedeutung in diesem Moment, in dem es darum ging, ob man miteinander arbeiten kann und will, für mich entscheidend – obwohl das therapeutisch natürlich sehr wichtig ist.

Die Resonanz erfolgte in dieser Situation über das Bild der Wüste und den Brunnen in der Wüste – ein archetypisches, starkes Bild mit dem Hinweis darauf, dass es nicht nur die Lebensfeindlichkeit der Wüste, die Leere, das Ausgesetztsein gibt, sondern auch einen Brunnen. In der Wüste sind wir immer auf der Suche nach dem Wasser, ob real oder symbolisch verstanden als dem Wasser des Lebens, das uns vor dem Tod, aber auch vor dem Umkommen in unserer seelischen Wüste bewahrt. Bedrohung und möglicher Neuanfang sind angesprochen – und da ist man auch auf andere Menschen angewiesen. Diese Thematik, fand ich, war angesprochen, und auf diese Themen habe ich mit meinen Bildern und meiner Imagination von mir her eine Hoffnung für die Analysandin aufgebaut. Als wir im Verlauf einer schwierigen Therapie auf diesen Initialtraum zu sprechen kamen, sprach die Analysandin davon, dass der Brunnen damals nicht so großartig gewesen sei, eher so ein Wasserloch – aber sie wollte mir mein offenbar eindrücklicheres Bild des Brunnens in der Wüste nicht verderben. Ob sie denn dieses »eindrücklichere Bild« auch gesehen habe? Ja, es sei ganz wichtig gewesen – halt so ein schönes Bild aus einem Fotoband. Das habe sie neben ihr Wasserloch gestellt. Das Bild der Analysandin und das Bild der Analytikerin – und beides war Realität und wurde Realität. Dabei haben die Imaginationen den Trauminhalt im hohen Maße dominiert, und das ist meines Erachtens oft der Fall bei Initialträumen.

## 5.2 Die Bedeutung von Beziehungen in Tagträumen und Träumen

Beziehungen zu Menschen – Bekannten und Unbekannten – spielen eine wichtige Rolle in Tagträumen wie in Träumen. Beziehungen beschäftigen uns, Bindungspersonen sind wichtig, um mit den Ängsten im Alltag umgehen zu können. Oft werden mögliche Beziehungen zuerst einmal simuliert, geübt, geben Anregung für den Alltag. Gelegentlich weist der Traum auch darauf hin, dass wir bekannte Menschen auch anders wahrnehmen könnten, als wir es tun. Verstehen wir die Träume subjektstufig, dann bedeuten die dargestellten Beziehungen im Traum auch, dass da die Beziehungen verschiedener Aspekte der Persönlichkeit untereinander spielerisch hergestellt werden, verschiedene Verknüpfungen von verschiedenen Persönlichkeitsanteilen: Auch das generiert Fragen und regt an, abgespaltene Anteile zu integrieren.

### 5.2.1 Ein Schattentraum: Loslassen oder integrieren?

Ein junger Akademiker, der eine erste Stelle angetreten hat an einem Ort, wo man auf gutes Auftreten Wert legt, träumt: »Ich bin zusammen mit zwei alten Freunden. Wir unterhalten uns lautstark, jeder will gewinnen. Es geht um Anzüge, die wir tragen wollen oder sollen. Max findet das Gespräch total bescheuert; ich sehe auch, dass er alte, verdreckte Klamotten trägt, und ich denke, er sei vielleicht nicht mehr der passende Umgang für mich. Als ich das denke, weine ich laut – ich will ihn doch nicht verlieren.«

Der Träumer beschreibt seinen Traum als unangenehm, ein unangenehmes Gespräch, kein Gespräch eigentlich – jeder wollte sich nur

Gehör verschaffen. Emotional zentral war für den Träumer das Weinen. »Verblüffend: Ich weine doch nie! – Ich war tieftraurig. Wohl, weil ich mich von Max losgesagt hatte im Traum. Der passt doch wirklich nicht mehr.« Warum? Es folgen viele Erinnerungen mit Max, die zeigen: Max ist unangepasst, es ist ihm egal, wenn er schockiert, vielleicht freut er sich sogar darüber. Er denkt quer, eigentlich ist er kreativ, er macht zu wenig aus seiner Kreativität. Und der passt jetzt nicht mehr? »Dass ich um ihn weine, wie wenn er gestorben ist, zeigt, dass es ein großer Verlust wäre, wäre er kein Freund mehr von mir – aber ich muss mich doch jetzt anpassen.« Wer war denn der zweite Freund? Fred: Der wurde gar nicht gehört im Traum. Auch er ein Freund aus Studienzeiten, der passt sich an und lässt sich nicht wirklich in die Karten schauen. Max ist zu einer Schattenfigur geworden, passt nicht mehr ins neue Ich-Ideal, es wäre aber offenbar ein großer Verlust, ihn zu verlieren. Vielleicht ist Max ja wirklich zu wenig angepasst, aber solche Aspekte in der eigenen Persönlichkeit sind zugleich irgendwie anregend, bewirken aber auch Konflikte und generieren damit auch immer Fragen an sich selbst: Wie weit angepasst, wie weit nicht angepasst? Ist es eine Lösung, wie Fred mit dieser Frage umgeht? Und vielleicht kann Max sich doch auch ein wenig verändern – »verdreckt« müsste er ja eigentlich nicht sein. In einer Imagination stellte er sich Max vor: etwas sauberer gekleidet, etwas leiser redend, etwas weniger gestikulierend. Dann verwarf er diese Vorstellung: »Max muss laut reden dürfen, gestikulieren – nur nicht immer …« Wenn Max eine wichtige Gestalt in seiner Psyche verkörpert, vielleicht vom abgelehnten Anteil wieder zu einem hilfreichen Anteil wird, dann werden sich noch viele Imaginationen um Max drehen.

Natürlich stellt dieser Traum auch die Frage, wie der Träumer in der Alltagswelt mit seinen Studienfreunden weiter umgehen will. Versteht man aber diese Freunde auch subjektstufig als Aspekte seiner eigenen Persönlichkeit, dann stellen solche Träume, die ja sehr oft geträumt werden, auch immer die Frage nach der eigenen Identität im Werden (Kast, 2018), danach, wer wir sein wollen, was wir zu verlieren drohen, was wir in neuer Weise wieder in unser Leben integrieren können.

### 5.2.2 Eine imaginierte Beziehung hinterfragen

Träume, die Beziehungen abbilden, regen auch an, entsprechende fantasierte Beziehungen zu hinterfragen.

Eine Vierzigjährige ist fasziniert von einem Kollegen, mit dem sie eng und sichtbar gut zusammenarbeitet. Sie ertappt sich immer einmal wieder in Tagträumen, wie sie interessante Gespräche mit diesem Kollegen führt, wie er anerkennend von ihren Beiträgen bei der Arbeit spricht. Auch sie äußert sich in diesen imaginierten Gesprächen anerkennend über seine Beiträge. Sie fühlt sich gut in diesen Tagträumen und nach diesen Tragträumen.

Ein Nachttraum regt zu mehr Reflexion der Beziehung an: »Hans schiebt mir viele Blätter über den Tisch zu und sagt, das solle ich erledigen. Ich bin erstaunt, schaue das Zeug an, finde, das sei überhaupt nicht meine Aufgabe. Das Papier auf meinem Schreibtisch wird immer mehr – und Hans grinst hämisch.«

Beim bildhaften Erzählen des Traums wird vor allem die Stelle, bei der das Papier auf dem Tisch immer mehr wird, ausgeschmückt – und die Empörung wird greifbar: Immer noch mehr, immer noch mehr, wie wenn das Papier sich von selbst vermehren würde. Und nein: Es sei nicht ihre Aufgabe, es seien klar die Blätter ihres Arbeitspartners. Und der grinse auch noch so hämisch – »der überlegt sich wohl, ob ich reagiere oder ob ich alles schlucke. Aber dieses Grinsen macht mich wütend.«

Diesen Traum stellten wir ihren Tagträumen gegenüber: So wie im Traum, meint die Träumerin, sei Hans natürlich nicht, der würde nie so hämisch grinsen, aber er habe schon die Tendenz, ihr Arbeiten, die er nicht so gern erledige, zu delegieren – immer mit einem Lob verbunden. Hämisch grinsend? Nein, natürlich nicht. Oder doch? Empörung und Ärger: Das hatte bis jetzt in den Tagträumen gefehlt. Dieses Sich-viel-aufbürden-Lassen, so die Träumerin, sei natürlich nicht nur ein Problem in der Zusammenarbeit mit Hans, das geschehe ganz leicht, wenn man sie lobe.

# 6 Der Verlust von Beziehungen

Zu den schwierigsten Erfahrungen im Rahmen von Beziehungen gehört der Verlust eines mit uns verbundenen Menschen. Dieser Verlust oder auch der drohende Verlust – sei es Verlust durch Tod, aber auch ein Verlust durch Scheidung oder durch Entfremdung – ist oft Thema in den Tagträumen, vor allem auch in den ungewollten, aber dennoch selbst generierten Gedanken. »Ich kann an nichts anderes denken als an den verstorbenen Menschen«, sagen uns Trauernde.

Wenn wir einen Menschen verloren haben, haben wir nicht nur diesen Menschen verloren, sondern oft auch die Bindungsperson, mit der wir die emotional für uns wichtigsten Probleme besprochen haben. Und über dieses bedeutendste aller Probleme, den Verlust des so nahen Menschen, kann man nicht mehr mit dieser Bindungsperson sprechen, man ist allein, doppelt allein also, verlassen.

Der Trauerprozess ist ein lang andauernder schmerzhafter Entwicklungsprozess. Trauernde lösen sich vom Beziehungsselbst, das in der Beziehung zu dem jetzt verlorenen Menschen entstanden ist, auf das individuelle Selbst zurück. Dieser Prozess ist von verschiedenen Emotionen geprägt, daher auch sehr lebendig – im Gegensatz zur Depression.

Verlieren wir einen Menschen, verlieren wir eine für uns wichtige Beziehung, die eine Geschichte hat, von der beide gehofft haben, dass sie sich auch in die Zukunft weiterentwickeln wird. Eine Geschichte, auf die man sich miteinander auch in Erinnerungen beziehen kann, eine Zukunft, die man sich gemeinsam ausmalen kann, Pläne, Orientierung für die Zukunft, Sinnkonzepte fürs Alter, durchaus auch Imaginationen der Vorfreude auf eine neue Phase des Lebens. Man verliert das Beziehungsselbst.

Das Beziehungsselbst verstehe ich als ein Selbst, das zwischen den beiden entstanden ist: Es ist die Verinnerlichung der Dynamik einer gelebten, engagierten Beziehung. Damit verbunden ist eine wechselseitige Belebung von Persönlichkeitsanteilen im Verlauf der Zeit. Dieses Beziehungsselbst ist dynamisch, verändert sich mit der Zeit und mit der Beziehung. Jeder der beiden Beteiligten erfährt dieses Beziehungsselbst aus der eigenen Perspektive, auch wenn es als »gemeinsam« erlebt wird. Natürlich gibt es auch in einer engen Beziehung Selbstanteile, die durch die Beziehung nur wenig oder nicht beeinflusst sind. Das sind dann auch die Selbstanteile, auf die man sich in der Trauerarbeit zurückorganisiert.

Das Beziehungsselbst wird durch die gelebte Ich-Du-Beziehung geformt, besonders durch das wechselseitige Wahrgenommenwerden und die damit verbundene kaum wahrnehmbare, aber bedeutende Versicherung der jeweiligen Identität des Einzelnen im Laufe der Entwicklung. So, wie der verlorene Mensch uns gesehen, konkret auch angesehen hat, liebevoll, freundlich, kritisch, wissend, so sieht uns niemand mehr an. Zur Ich-Du-Beziehung gehört weiter der miteinander gestaltete Alltag, gehören die geteilten Interessen, Werke, die man vollbracht hat, vollbringt und noch vollbringen möchte. Diese »Werke« können Kinder sein, Unternehmungen, die wir miteinander gestaltet haben, indem wir einander angeregt, aufgeregt, herausgefordert haben und in der Folge auch etwas realisiert haben. In den meisten Beziehungen werden Dinge möglich, die allein nicht möglich geworden wären – andererseits liegen auch gewisse Möglichkeiten brach. Natürlich gibt es auch Unternehmungen, Gestaltungen, die wesentlich mehr der eigenen Persönlichkeit entspringen.

Zum Beziehungsselbst gehören auf einer mehr unbewussten Ebene aber nicht nur Projektion und Delegation, sondern auch persönliche Eigenheiten und Entwicklungen, die durch die Beziehung in einander geweckt, aus einander herausgeliebt worden sind (Kast, 2009). Dieser Aspekt des Beziehungsselbst ist in der Verliebtheit begründet, in der Phase, in der man die idealen Lebensmöglichkeiten in einander und in eine mögliche Zukunft hineinsieht – die Vision für das Beziehungsselbst. Das ist eine Situation, in der die Tagträume, das Fantasieren, geradezu der Normalzustand sind: Man fantasiert sich ein Leben mit diesem Menschen – in größter Vorfreude. Die Vorfreude lebt ja ganz und gar von der Vorstellung. Hier entstehen die Beziehungsfantasien, Fantasien darüber, wie die Beziehung gelebt werden könnte, welche Ziele möglich, welche Freuden miteinander zu erleben sind, aber auch, wie man selbst in dieser Paarsituation für den anderen sein will, und man fantasiert sich das Wesen des Partners oder der Partnerin, den oder die man zu diesem Zeitpunkt noch gar nicht kennt. Auch wenn in diesen Fantasien vieles idealisiert wird, es werden doch auch Entwicklungsmöglichkeiten erahnt, die durch die gemeinsame Beziehung teilweise realisiert werden können. Natürlich werden im Laufe der Beziehung auch Eigenheiten belebt, »herausgezwängt«, die man als weniger positiv erachtet. Im Beziehungsselbst schlagen sich natürlich auch schwierige Wechselwirkungen nieder.

Da das Beziehungsselbst zu einem Ende gekommen ist durch den Verlust, muss man sich in der Trauerarbeit vom Beziehungsselbst auf das eigene Selbst zurückorganisieren, möglichst so, dass in der Beziehung Gewachsenes ins eigene Leben und in die eigene Erfahrung übernommen werden kann. Der natürliche Trauerprozess ermöglicht es uns, in einem lang andauernden, emotional bedeutsamen Wandlungsprozess sich vom Beziehungsselbst auf das individuelle Selbst zurück zu besinnen, und zwar dergestalt, dass vieles, was im Beziehungsselbst erlebbar war, in veränderter Form ins eigene Leben integriert werden kann. Damit einher geht die Akzeptanz des Verlusts, zurück bleibt eine dankbare Wehmut, immer einmal auch von Sehnsucht nach dem verlorenen Menschen durchzogen, die die Freude am Leben und am Gestalten aber nicht mehr stört – vielleicht sogar umgekehrt: Weil man lebt, möchte man so lebendig wie möglich sein.

# 7 Träume im Trauerprozess

Träume von und mit den Verstorbenen während des Trauerprozesses helfen, den Verlust zu verarbeiten (Kast, 2013). Dass Träume und Imaginationen diesen Prozess intensiv begleiten, belegt die Idee, dass das, was uns intensiv beschäftigt, auch in den Tagträumen und den Träumen vorkommt, dass Tagträume und Träume Lösungen für diese schwierigen emotionalen Prozesse erproben, womit sie aber auch einen großen Einfluss auf das bewusste emotionale Leben haben. Träume, die in einem Trauerprozess geträumt werden und die den Verlust letztlich mit dem ganzen Leben in Verbindung bringen, ihn einweben in das Geflecht des eigenen Lebens, sind oft erstaunlich leicht verständlich. Emotional – so die Trauernden – verbinden die Träume einen mit dem Verstorbenen, sie lösen aber auch von dem Verstorbenen ab und öffnen das eigene Leben wieder, öffnen Zukunft. Emotional beziehen sie sich auf den Verlust und die damit verbundenen weiteren Lebensprobleme. Inhaltlich: Normalerweise können wir unsere Träume mit vielen möglichen Anliegen verbinden, die uns emotional beschäftigen. Der Verlust eines Menschen trifft uns so zentral, dass daneben alles, was vielleicht auch noch wichtig wäre, in den Hintergrund tritt. Alles bezieht sich auf diesen Verlust. Jedes Auftauchen des verstorbenen Menschen im Traum wird dahingehend verstanden, dass es diesen Menschen in irgendeiner Form noch gibt – und das wird mehr oder weniger konkretistisch verstanden. Intrapsychisch stimmt das natürlich: Der verstorbene Mensch lebt in der Erinnerung weiter.

Besonders bemerkenswert in diesem Zusammenhang ist, dass zunächst die Fantasien und oft auch die Träume sich der Vergangenheit zuwenden: Was hat man miteinander alles gehabt, und das hat man nicht mehr – und das will man dringend wieder zurückhaben. Das Fantasieren kann sich im Grübeln erschöpfen, im Ruminieren. Infolge der Träume, der Tagträume – aber auch, weil das Leben weitergeht, neue Erfahrungen möglich sind, kann immer mehr Erinnerungsarbeit geleistet werden, sodass man sich vom Beziehungsselbst allmählich so ablösen kann, dass das, was durch den verstorbenen Menschen in einem geweckt worden ist, vom Beziehungsselbst ins eigene Selbst überführt wird. So muss man nicht opfern, was ein geliebter Mensch in uns berührt, geweckt hat.

## 7.1 Träume als Ausgangspunkt für Erinnerungsarbeit: Ein Beispiel

Natürlich werden viele Erinnerungen an Verstorbene durch die Imaginationen, durch Einfälle, befördert. Da trägt etwa ein Mensch eine Mütze wie der verstorbene Partner – und das gibt einen Stich! Die Erinnerungen werden emotional nacherlebt, sodass sie dann auch losgelassen werden können, ohne dass man das loslassen muss, was durch die Beziehung geweckt worden ist.

Ein Patient, ein 48-jähriger Mann, träumte nicht oft, aber wenn er träumte, dann war ihm das sehr wichtig. Er brachte einen Traum mit (26. Stunde): »Ich bin mit meiner Frau in einer südlichen Gegend. Wir wandern. Meine Frau geht manchmal rückwärts – und schaut mich an, manchmal geht sie seitwärts – und schaut mich überhaupt nicht an. Dann hopst sie, wie ein Kind. Ich soll auch hopsen, aber das kann ich doch nicht. Ich merke erstaunt und bin überrascht, dass ich wie ein Sträfling eine schwere Kugel an einem meiner Füße habe. Ich sage: Kunststück, dass ich nicht auch hopsen kann. Sie schaut erstaunt auf meinen Fuß und sagt etwas … Der Traum verliert sich.«

Die Gefühle im Traum: »Zuerst war es wunderbar – ich kenne diese Gegend, weiß aber nicht, wo das ist. Das muss ich herausfinden. Es war schön, mit meiner Frau zu gehen, wie früher, obwohl sie keine

Ruhe gab. Ich wusste im Traum nicht, dass sie tot ist. Beim Aufwachen schon – das tut dann immer so weh. Eigentlich gemein von den Träumen: Alles scheint zu sein wie vorher, dann wacht man auf, und alles ist ganz anders, furchtbar. Aber doch nicht so furchtbar, als wenn man den Traum nicht gehabt hätte. Der Traum sagt mir doch, dass es sie irgendwo noch gibt, zumindest in meinen Träumen. Eigentlich war sie wie ein Kind – aber auch schön: Dann schaut sie mich an, dann wieder in die Gegend – es war gut. Lebendig. So war sie oft, nicht so auffällig ist sie gehopst – aber schon ein wenig. Na ja, diese Hopserei … Und sie wollte immer, dass ich auch beschwingter bin. ›Beschwingt‹ ist das Wort. Aber das konnte ich nicht. Das wollte ich nicht. Ich fand es kindlich. In diesem Traum aber ist die Kugel schuld. Ich denke da an Comics, bei der eben Sträflinge eine Kugel am Fuß befestigt haben. Die ist ja dazu da, dass die sich nicht frei bewegen können. Das ist ja wohl mein Verlust. So komme ich mir jetzt vor.«

Es ärgert ihn, dass er nicht mehr aufnehmen konnte, was seine Frau gesagt hat. Die hatte wohl einen Rat, wie er mit dieser Kugel umgehen könnte. »Was könnte sie gesagt haben? Vielleicht, dass sie jetzt versteht, warum ich nie so fröhlich gehopst bin. Sie hat wahrscheinlich eine Idee, wie ich das Ding wegbekommen kann. Wie? Das habe ich ja eben nicht gehört.«

Das Spiel mit der Imagination mit seiner verstorbenen Frau, eine Form der Exploration, hat zwar begonnen, kommt aber rasch wieder zum Erliegen. Was ihn mehr interessiert, ihn geradezu neugierig macht, ist die Landschaft, in der sie wandern. Die »Hopserei« seiner Frau wird ihn erst Monate später interessieren. Er beginnt, Fotos von vergangenen Reisen anzuschauen – immer auf der Suche nach dieser ganz besonderen Landschaft, die er im Traum gesehen und auch gekannt hatte. Dieses Suchen beflügelt die Erinnerungsarbeit in hohem Maße.

Es gehört zur Trauerarbeit, dass wichtige Erfahrungen aus dem Leben mit dem verstorbenen Menschen erinnert werden: Zum einen ist die Erinnerung das, was bleibt, zum anderen ist es eine Möglichkeit, sich vom Beziehungsselbst abzulösen und zum individuellen Selbst zurückzufinden, auch mit wichtigen Persönlichkeitszügen, die durch die Beziehung belebt worden sind, sich neu auf die Zukunft hin zu entwerfen. Oder durch das Erleben, dass eigene Wünsche zu sehr hintangestellt worden sind, diese so weit als möglich zu verwirklichen.

Ein Beispiel: Ausgehend von einem Foto, das in der Camargue gemacht worden war, erzählt der Patient, dass das nicht die Gegend im Traum sei, aber schon etwas ähnlich. Und dann erzählt er – und ich bringe ihn dazu, vorstellungsbezogen und emotional zu erzählen –, wie seine Frau da geritten ist, mit anderen zusammen am Meer entlang – wie wunderbar lebendig das gewesen sei. Er erzählt und erzählt von seiner Frau. Und er? Wo war er? War er auch dabei? Zu einem Beziehungsselbst gehören mindestens zwei. Natürlich – er hatte ja wohl das Foto gemacht. Aber wo war er? Jetzt beginnt er selbst darüber nachzudenken. Er weiß es nicht – wohl in einem Café hat er gewartet. Und immer mehr solcher Geschichten werden erinnert: seine Frau, aktiv, von ihm bewundert, und er fotografiert sie. Manchmal fotografiert er auch die Landschaft – aber meistens sie. Und er beginnt sich selbst zu fragen, ob er wirklich so oft auf sie gewartet hat. Was hätte ihm denn Freude gemacht? Mit einem Segelboot hinauszufahren – fällt ihm ein. Das haben sie leider nie gemacht – fällt ihm erst jetzt ein. Das könnte ihm gefallen. Vielleicht wird er das eines Tages machen, wenn er keine Kugel mehr am Bein hat. Ich weise ihn darauf hin, es sei manchmal umgekehrt: Wenn man mache, was einen interessiere, an dem man Freude habe, dann sei plötzlich die Kugel verschwunden. Diese Aussage nimmt er etwas erstaunt zur Kenntnis.

Träume regen zu Imaginationen an, die bei der Trauerarbeit sehr hilfreich sind zur Ablösung vom Verstorbenen und zum Integrieren dessen, was aus der Beziehung ins eigene Leben übernommen werden kann. Dadurch entsteht auch wieder Spielraum im Leben dieser Menschen, das Lebensgefühl, dass es auch wieder eine Öffnung für das Leben nach dem Verlust gibt.

Die Erinnerungsarbeit führt bei dem Patienten nach und nach zu Erinnerungen an Situationen, die gut waren, die Freude auslösten. Er erinnert sich an Spaziergänge in der Nacht: Da hatten sie sich einfach gefreut, dass sie miteinander unterwegs waren, nichts Spektakuläres, aber einfach Freude, miteinander etwas zu machen, nachher Nudeln zu kochen, dann Sex. Diese Freude spürt er in der Erinnerung, gefolgt und begleitet von der Trauer, vom Gefühl des Verlusts. Er lernt, die Freude als wirklich zu erleben und auch den Verlust. Besonders wichtig sind die Erinnerungen an sexuelle Erfahrungen mit seiner Frau, an die er sich mit großer Freude erinnert. Das tut ihm einerseits gut, andererseits spürt er gerade da den Verlust am meisten, und daraus wächst auch nach und nach die Sehnsucht, einem Menschen auch wieder sexuell nahe sein zu können.

Er erinnert sich aber auch daran, wie viel Freude er als Kind und als Jugendlicher beim Spielen mit Freunden gehabt hatte, vor allem beim Ballspielen. Wo ist diese Freude geblieben, wo sind die Freunde geblieben, mit denen er vor seiner Heirat etwas unternommen hat? Warum geht er nicht mehr in den Chor? Als Mutprobe beschließt er, wieder einmal hinzugehen. Er ist überrascht, wie herzlich er aufgenommen wird. Er hat auch eine neue Idee für seine Firma – und die beflügelt ihn.

## 7.2 Verstorbene im Traum: Im besten Alter

Jahre nach dem Verlust, nachdem ein Trauerprozess durchlaufen ist, erscheinen die Verstorbenen in den Träumen regelhaft »im besten Alter« – gesund, nicht alt, voll Lebenskraft. Und hier werden die Träume dann doch recht geheimnisvoll. Besonders eindrücklich ist es für die Trauernden, wenn der oder die Verstorbene zum ersten Mal völlig gesund oder »richtig lebendig«, wie das ein Trauernder ausdrückte, im Traum erscheint.

Ein fünfzigjähriger Mann, der seine Partnerin durch einen Autounfall verloren hatte und sehr schwer mit der neuen Lebenssituation zurechtkam, träumte nach zwei Jahren Therapie: »Ich habe wieder von Karin geträumt. Dieses Mal sah sie ganz gesund aus, war voll Energie.

Sie trug die Wildlederjacke, die sie immer so gern getragen hat und die ihr so gut stand. Bei ihr war unsere Architektin und die beiden hatten offenbar Pläne, die wollten anbauen. Es war eine angenehme, anregende Atmosphäre. Ich hatte nicht direkt etwas mit den beiden zu tun, aber das, was sie planten, das war für mich, nur für mich.«

Dem Träumer war wichtig, dass seine Frau nun zum ersten Mal »ganz gesund« im Traum erschien. Für ihn war es ein Hinweis darauf, dass er jetzt auch in freudiger Wehmut an sie denken konnte, sodass er offenbar den Trauerprozess – soweit das möglich ist – einigermaßen bestanden hat, sodass sein Lebensraum nun sogar vergrößert werden kann. Wofür anbauen?

Der Traum regt zur Imagination an und damit auch zur Gestaltung des zukünftigen Lebens. Erlebbar wird auch, dass die Verstorbenen in den Träumen und in den Fantasien immer noch auch mitleben, der Trauernde aber zu einem eigenen Leben aufbrechen kann und darf.

Grundsätzlich tauchen verstorbene Menschen, Menschen, die es schon lange nicht mehr gibt, deren Zeit eigentlich abgelaufen ist, in unseren nächtlichen Träumen und in unseren Tagträumen auf – sie sind manchmal, obwohl viel älter, im Traum plötzlich jünger als der Träumer oder die Träumerin. Sie sind zwar verstorben, aber dennoch immer noch anwesend, oft mit einer Botschaft, die in die Zukunft weist. Das Unbewusste hält sich nicht an die lineare Zeit – und auch das ermöglicht erstaunliche Perspektivveränderungen im Blick auf aktuelle Probleme, die im Traum oder im Tagtraum behandelt werden.

## 7.3 Die Trauernde – wieder gesund

Aber auch der trauernde Mensch kann im Traum als gesund erklärt werden.

Eine 63-jährige Frau, die auf den Verlust ihres Partners mit einer Depression reagierte, träumte nach einer dreijährigen Therapie: »Ich liege am Boden, gehüllt in viele weiße Laken. Um mich herum stehen viele weiß gekleidete Menschen. Es ist feierlich – und ich denke, dass ich wohl tot bin. Aber das ist offenbar nicht so. Die weißen Gestalten lösen mich sorgfältig aus den weißen Laken, die wie Bandagen sind. Jetzt bin ich ganz nackt – und ich werde in einen Pool mit Wasser hineingetragen –, dann lassen mich die Träger los – und ich atme erlöst auf –, ich bewege mich auf dem Wasser, das Wasser trägt. Dann soll ich wieder herauskommen. Das mache ich – ich werde abgetrocknet – und eine Frau sagt: ›Jetzt steckt sie wieder in einer besseren Haut.‹ Ich bin sehr glücklich – irgendwie geht der Traum weiter mit schönen, farbigen Kleidern, aber das erinnere ich nicht mehr so recht.«

Die Träumerin war ergriffen von diesem Traum, der ihr wie ein Ritual erschien. Ohne Worte über eine lange Strecke – aber mit dem Empfinden, dass der Traum von großer Wichtigkeit war. »Sakrale Gefühle waren es. Der Ritus ging um die Veränderung in meinem Körper: von der Kranken zur Gesunden, zur Frau in einer besseren Haut – nicht mehr in der Trauerhaut.« Dieser Traum wurde von der Träumerin als ein großer Traum verstanden, als ein Traum, an den sie noch Jahre später zurückdachte als an den Traum, der ihr Leben verändert hatte. Zu verstehen gab es da nicht so sehr viel, fand sie, aber nachzuerleben, in der Imagination immer wieder ganz in diesem körperlichen Empfinden zu sein und sich auf einen neuen Frühling zu freuen.

Sogenannte große Träume, Träume, die man immer wieder erinnert und die oft auch Wegmarken im Entwicklungsprozess sind, hängen meines Erachtens mit den damit verbundenen als »groß« erlebten Emotionen zusammen, die überwältigend sind, von denen wir spüren, dass sie über uns hinausgehen und einen Blick öffnen für etwas, das weit über unseren Alltag hinausreicht.

## 7.4 Der Tod des Anderen

Sagen uns die Träume den Tod eines mit uns nah verbundenen Menschen voraus? Sind Träume prospektiv? Das interessiert Menschen sehr. Wissen die Träume unsere Zukunft? Schacter und Buckner (2007) haben aufgezeigt, dass die Fähigkeit, sich die Zukunft vorzustellen und sie zu imaginieren, zu einem großen Teil auf neuronalen Prozessen beruht, die auch beim episodischen Erinnern beteiligt sind. Sie stellen sich vor, dass das episodische Gedächtnis Brocken von Erinnerungen heraussuchen und sie neu kombinieren kann zu einer Simulation einer neuen, zukünftigen Erfahrung – und sei es nur das Ausmalen eines Treffens mit alten Freunden. Auch hier wie bei den Träumen: Es geht nicht um Wiederholung des Vergangenen, es geht um neue Kombinationen aus Vergangenem und Gegenwärtigem, um Aussagen über die Zukunft machen zu können.

Sind Träume prospektiv? Immer wieder hört man Traumgeschichten, die den Tod eines nahen Menschen erahnen lassen. Aber sicher kann man sich erst sein, nachdem das Ereignis eingetreten ist.

Eine Frau, 64, träumt: »Am Ende einer Wand sehe ich die Rückwand eines alten Möbels, Klaviers oder Sekretärs. Ich gehe um das Möbel herum, auf der Rückseite befindet sich eine Uhr. Sie hat ein ganz spezielles Uhrwerk: Ein dünner weißer gespannter Bogen ist durch eine abgewinkelte lange dünne Spitze, die aussieht wie eine Sense, oben an der Möbelrückseite eingehakt. An der Rückwand selber ist ein weißer Zeiger, den ich nicht deutlich in Erinnerung habe. Die gespannte, weiße Sense, unheimlich, eine Uhr, die Zeit vom Tod dirigiert: gespannt wie eine Feder, die jederzeit ausklinken kann.«

Der Traum faszinierte sie, war ihr unheimlich, wie eingemeißelt in die Erinnerung, bedeutsam. Sie erzählte diesen Traum etwa ein halbes Jahr, nachdem sie ihn geträumt hatte, auf einem Traumworkshop und fügte an, den Traum habe sie am 5./6.8. geträumt, ihre Mutter sei am 27.8. desselben Jahres unerwartet gestorben.

Natürlich bringt man bei dieser Information den Traum und das Todesereignis miteinander in Verbindung. Dennoch meine ich, dass Träume solche Ereignisse nicht vorhersagen. Erst, wenn im Leben etwas Entsprechendes zu einem bedeutsamen Traum eingetroffen ist, dann stellen wir die Verbindung her und erschrecken: Was weiß denn unser Unbewusstes? Dieser Traum macht die Aussage: Die Zeit ist vom Tod »dirigiert« – und der Tod bemisst ja auch unsere Zeit –, und das technische Konstrukt »Uhr« im Traum kann sich jederzeit ausklinken. Dann ist die Zeit abgelaufen. Das hätte auch für die Träumerin gelten können, zumindest wirkt der Traum als Memento mori.

Auch wenn erstaunliche, berührende Übereinstimmungen zwischen Traum und Wachleben immer einmal vorkommen, halte ich die Träume nicht für prospektiv im präzisen Sinn. Sie geben Entwicklungslinien an, Anreize zum Nachdenken über das Leben, hier sicher das Nachdenken über den Tod, aber sie sagen nicht präzise voraus.

# 8 Der Traum – ein Spiel der Imaginationen

Träumen ist eine Art Spiel, das Spiel der aktivierten Imagination im Schlaf. Und worum geht es in diesem Spiel? Es geht um Flexibilität, um Kreativität, um die emotionale und kognitive Orientierung auf Zukünftiges hin, aber auch um das Verarbeiten und Beruhigen von emotionalen Problemen. Das Erinnern der Vergangenheit und das Sichentwerfen auf die Zukunft haben einen inneren Zusammenhang. Träume und Imaginationen simulieren und prüfen Lösungen für zukünftige Probleme, sie sind so etwas wie ein virtuelles Training für das wache Leben und helfen so, schwierige emotionale Probleme zu verarbeiten und neue Perspektiven von Lebensmöglichkeiten anzudenken – und das in einem sicheren Raum, dem sicheren Raum des Traums.

In den Träumen, wahrscheinlich mehr noch als in den Tagträumen, werden Aspekte des Träumers oder der Träumerin abgebildet, die auch noch zur Persönlichkeit gehören, die sonst vielleicht vergessen und dem Träumer oder der Träumerin zu einem guten Leben fehlen würden. Gerade die Träume bei trauernden Menschen zeigen, wie in der Verarbeitung einer emotional einschneidenden Lebenssituation in den Träumen – und auch in den Tagträumen – neue Aspekte der Persönlichkeit dargestellt werden, manchmal auch alte, die vergessen wurden und doch für das zukünftige Leben des Trauernden wichtig sind.

Man könnte jetzt denken, ich würde den Träumen eine zu große Führungsfunktion geben. Sie führen insofern, als Vorschläge von ihnen ausgehen, die ja auch wieder von dem eigenen gelebten Leben herrühren, oft neu zusammengesetzt. Die Zukunftsgerichtetheit des

Gehirns (Schacter u. Buckner, 2007) scheint sich in den Träumen und den Tagträumen ganz besonders zu zeigen, und zwar in einer spielerischen Form. Denken wir bewusst über die Zukunft nach, ist gerade dieses kreative Verbinden von Situationen auch gehemmt von Bildern und Emotionen, von verschiedenen Gedächtnissystemen, sicher auch den körperlichen Gedächtnissystemen, den alten Gedächtnissystemen, wie wir sie im Traum haben. Natürlich reflektieren wir auch über einen Traum oder über einen Tagtraum – aber im Traum sind die Bilder frei, folgen einer bestimmten Dynamik, die wir im Wachen auch nachvollziehen können. Folgen wir diesem emotionalen und bildhaften Spiel in der Auseinandersetzung mit Träumen und Tagträumen, so scheint es mir, dass Träume und Tagträume darauf abheben, dass wir nicht nur überleben und unsere Probleme lösen, sondern dass wir innerlich auch auf einem Weg sind, dass es zielgerichtete und dennoch auch durchaus lustvolle Prozesse in unserer Psyche gibt, die in Träumen und Tagträumen angespielt werden.

Für die Psychotherapie heißt das auch, dass wir dieser Dynamik von Emotion und Bildern folgen, auch damit spielen können. Das muss uns nicht davon abhalten, ein Augenmerk auf symbolische Felder, auf Grundmuster, die auszumachen sind, zu richten. Die Suche nach den verborgenen Mitteilungen sollte uns aber nicht daran hindern, die aktuell ganzkörperlich erfahrbaren Mitteilungen in diesem Spiel der Imaginationen wahrzunehmen und ihnen zu folgen. Der Traum – ein Spiel? Das Arbeiten mit Träumen – ein lohnendes Spiel.

# Literatur

Baird, B., Smallwood, J., Mrazek, M. D., Kam, J. W. Y., Franklin, M. S., Schooler, J. W. (2012). Inspired by distraction: Mind wandering facilitates creative incubation. Psychological Science, 23 (10), 1117–1122.

Daniel, R. (2013). Der Nacht den Schrecken nehmen. Albträume verstehen und bewältigen. Ostfildern: Patmos.

Domhoff, G. W., Fox, K. C. R. (2015). Dreaming and the default network: A review, synthesis and counterintuitive research proposal. Consciousness and Cognition, 33, 342–353.

Ermann, M. (2014). Träume und Träumen (2. Aufl.). Stuttgart: Kohlhammer.

Fox, K. C. R., Christoff, K., Dixon, M. L. (2018). Affective neuroscience of self-generated thought. Annals of the New York Academy of Sciences, May 2018. (uploaded October 15, 2018).

Fox, K. C. R., Koroma, M. (2018). Wandering along the spectrum of spontaneous thinking: Dreaming, meditation, mind-wandering, and well-being. An interview with Kieran Fox. ALIUS Bulletin, 2, 1–15.

Fox, K. C. R., Nijeboer, S., Solomonova, E., Domhoff, G. W., Christoff, K. (2013). Dreaming as mind wandering: Evidence from functional neuroimaging and first-person content reports. Frontiers in Human Neuroscience, 7, Article 412, 1–18.

Gieselmann, A. et al. (2017). The effects of an internet-based imagery rehearsal intervention: A randomized controlled trial. Psychotherapy and Psychosomatics, 86, 231–240.

Hartmann, E. (2011). The nature and functions of dreaming. Oxford: University Press.

Jung, C. G. (1907/1985). Der gefühlsbetonte Komplex und seine allgemeinen Wirkungen auf die Psyche. GW 3, §§ 77–106. Ostfildern: Patmos.

Jung, C. G. (1921/2011). Definitionen. GW 6, § 792. Ostfildern: Patmos.

Jung, C. G. (1928/1950). Psychologische Typen. GW 6, § 991. Ostfildern: Patmos.

Jung, C. G. (1928/1985a). Allgemeines zur Komplextheorie. GW 8, §§ 194–219. Ostfildern: Patmos.

Jung, C. G. (1928/1985b). Allgemeine Gesichtspunkte zur Psychologie des Traums. GW 8, §§ 443–529.

Jung, C. G. (1929/1971a). Die Probleme der modernen Psychotherapie. GW 16, §§ 114–174. Ostfildern: Patmos.

Jung, C. G. (1929/1971b). Die praktische Verwendbarkeit der Traumanalyse. GW 16, §§ 294–352.

Jung, C. G. (1930/1969). Einführung zu W. M. Kranefeldt »Die Psychoanalyse«. GW 4, §§ 745–767. Ostfildern: Patmos.

Jung, C. G. (1934/1972). Brief an Dr. James Kirsch. Vom 29.9.1934. In Briefe I (S. 223). Ostfildern: Patmos.

Jung, C. G. (1935/1981). Über Grundlagen der Analytischen Psychologie. GW 18/1, §§ 1–415. Ostfildern: Patmos.

Jung, C. G. (1945/1971). Vom Wesen der Träume. GW 8, §§ 530–569. Ostfildern: Patmos.

Jung, C. G. (1961/2005). Erinnerungen, Träume, Gedanken von C. G. Jung. Hg. A. Jaffé (14. Aufl.). Düsseldorf u. Zürich: Walter.

Kast, V. (1998). Komplextheorie gestern und heute. Analytische Psychologie, 29, 296–316.

Kast, V. (2006). Träume. Die geheimnisvolle Sprache des Unbewussten. Ostfildern: Patmos.

Kast, V. (2009). Paare. Wie Phantasien unsere Liebesbeziehungen prägen. Freiburg: Kreuz.

Kast, V. (2010). Was wirklich zählt, ist das gelebte Leben. Die Kraft des Lebensrückblicks. Freiburg: Kreuz.

Kast, V. (2012). Imagination. Zugänge zu inneren Ressourcen finden. Ostfildern: Patmos.

Kast, V. (2013). Trauern. Phasen und Chancen des psychischen Prozesses. Freiburg: Kreuz.

Kast, V. (2016). Träume werden zwischen den Menschen geträumt. Forum der Psychoanalyse, 32, 219–231.

Kast, V. (2018). Immer wieder mit sich selber eins werden. Identität und Selbstwert entwickeln in einer komplexen Welt. Ostfildern: Patmos.

Kast, V. (2019). Komplexe und ihre Kompensation. Analytische Psychologie, 191, 1.

Levinas, E. (2003). Totalität und Unendlichkeit. Versuch über die Exteriorität. Freiburg: Alber.

Matussek, P. (1974). Kreativität als Chance. Der schöpferische Mensch in psychodynamischer Sicht. München: Piper.

Mertens, W. (1999). Traum und Traumdeutung. München: C. H. Beck.

Retzbach, J. (2019). Das Albtraum-Drehbuch umschreiben. Gehirn & Geist, 2, 64–70.

Riedel, I., Henzler, C. (2016). Maltherapie. Auf Basis der Analytischen Psychologie C. G. Jungs. Ostfildern: Patmos.

Roth, G. (2001). Fühlen, Denken, Handeln. Wie das Gehirn unser Verhalten steuert. Frankfurt a. M.: Suhrkamp.

Sartre, J. P. (1964). Die Wörter. Reinbek: Rowohlt.

Schacter, D. L., Buckner, R. L. (2007). Remembering the past to imagine the future: The prospective brain. Nature Reviews, Neuroscience, 8, 657–661.

Schredl, M. (1999). Die nächtliche Traumwelt. Eine Einführung in die psychologische Traumforschung. Stuttgart: Kohlhammer.

Seli, P., Risko, E. F., Smilek, D., Schacter, D. L. (2016). Mind wandering with and without intention. Trends in Cognitive Science, 20 (8), 605–617.

Smallwood, J., Andrews-Hanna, J. (2013). Not all minds that wander are lost: The importance of a balanced perspective on the mind-wandering state. Frontiers in Psychology, 4, Article 441, 1–6.

Starker, S. (1974). Daydreaming styles and nocturnal dreaming. Journal of Abnormal Psychology, 83 (1), 52–55.

# PSYCHOTHERAPEUTISCHE DIALOGE

Herausgegeben von Uwe Britten

Alltagsnah und therapiepraktisch vermittelt die Reihe »Psychotherapeutische Dialoge«
zentrale und kontroverse Themen aus Psychotherapie und Beratung. Jeweils zwei Ge-
sprächspartner werden eingeladen, sich dem jeweiligen Thema zu widmen und miteinander um Positionen zu ringen. Dabei steht das aktuelle Fachwissen genauso im Vordergrund wie seine Berücksichtigung in der therapeutischen Praxis.
In diesen »Dialogen« soll das Gespräch als Methode des Erkenntnisgewinns genutzt werden. Die beiden Fachleute entwickeln diskursiv und durchaus kontrovers eine gedankliche
Auseinandersetzung. Dabei ist allerdings gerade kein »Streitgespräch« gewollt, sondern
es geht darum, eine komplexe Frage in all ihren Facetten und aus ganz unterschiedlichen
Perspektiven zu erörtern. Ziel ist es, die Lesenden in eine lebendige innere Auseinandersetzung zu bringen.

Vandenhoeck & Ruprecht Verlage
www.vandenhoeck-ruprecht-verlage.com

Preisstand 1.1.2019